SPARGEL
&RUCOLA

DIE BESTEN REZEPTE

02

03

01

04

INHALT

SALATE

SPARGELSALAT
MIT ORANGENFILETS

ZUBEREITUNG

01. Den Spargel schälen und die holzigen Enden abschneiden. Anschließend längs in dünne Streifen schneiden oder hobeln (z.B. mit dem Sparschäler oder Trüffelhobel).

02. Die Orangen mit einem scharfen Messer so großzügig schälen, dass auch die weiße Haut mit entfernt wird. Die Filets zwischen den einzelnen Trennhäuten herausschneiden, den austretenden Saft auffangen und den Rest der Orangen gut ausdrücken.

03. Die Schalotten schälen und in feine Würfel schneiden. Die Peperoni längs aufschneiden, entkernen, waschen und in feine Streifen schneiden. Das Olivenöl in einer Pfanne erhitzen und die Spargelstreifen darin mit den Schalottenwürfeln und den Peperonistreifen andünsten, ohne dass sie Farbe annehmen.

04. Mit Noilly Prat und Orangensaft ablöschen und einmal aufkochen lassen. Die Orangenfilets unterheben und mit 1 Prise Zucker, Salz und Pfeffer würzen. Die kalte Butter in Flöckchen unterrühren.

05. Zum Servieren den Spargel mit den Orangenfilets auf Tellern anrichten, mit den Thymianblättchen bestreuen und mit etwas Sud aus der Pfanne beträufeln.

ZUTATEN
FÜR 4 PERSONEN

+ **700 g weißer Spargel**
+ **3 Orangen**
+ **2 Schalotten**
+ **1 kleine orangefarbene Peperoni**
+ **3 EL Olivenöl**
+ **4 cl Noilly Prat**
+ **Zucker • Salz**
+ **weißer Pfeffer aus der Mühle**
+ **1 EL kalte Butter**
+ **2 TL Zitronenthymianblättchen**

TIPP — *Wenn Sie diesen Salat noch etwas aufpeppen möchten, können Sie ihn als lauwarmes Gemüse mit gebratenen Garnelen, Lachs oder Entenbrustfilet servieren.*

GEBRATENE FEIGEN
MIT RUCOLA UND PECORINO

ZUBEREITUNG

01. Die Feigen waschen und vierteln. 1 EL Olivenöl in einer beschichteten Pfanne erhitzen und die Feigen darin bei mittlerer Hitze 2 Minuten anbraten.

02. In der Zwischenzeit das Toastbrot entrinden und in Würfel schneiden. Die Knoblauchzehe andrücken. Die Feigen wenden und die Toastbrotwürfel sowie die Knoblauchzehe und die Orangenschale dazugeben. Die Toastbrotwürfel rösten, bis sie goldbraun sind. Nach Bedarf noch etwas Olivenöl dazugeben.

03. Den Rucola verlesen, waschen und trocken schütteln. Grobe Stiele entfernen und den Rucola nach Belieben klein zupfen. In eine große Schüssel geben. Aceto balsamico, 4 EL Olivenöl sowie 1 Prise Meersalz hinzufügen, alles gut vermischen und auf zwei Tellern oder einer Platte anrichten. Die gebratenen Feigen und Toastbrotwürfel über dem Salat verteilen. Mit frisch gemahlenem Pfeffer bestreuen. Den Pecorino auf einer groben Reibe darüberraspeln.

TIPP — *Aceto balsamico — den Balsamessig aus Modena in Italien — gibt es in unterschiedlichen Qualitäten. Der beste reift mehrere Jahre in Holzfässern und enthält keine Zusätze von Traubensaft.*

ZUTATEN
FÜR 2 PERSONEN

+ **5 frische blaue Feigen**
+ **5—6 EL Olivenöl**
+ **3 Scheiben Toastbrot**
+ **1 Knoblauchzehe**
+ **1 Streifen unbehandelte Orangenschale**
+ **2 Bund Rucola**
+ **2 EL Aceto balsamico**
+ **Meersalz**
+ **Pfeffer aus der Mühle**
+ **60 g Pecorino**

RUCOLASALAT
MIT KARAMELLISIERTEN ÄPFELN

ZUBEREITUNG

01. Den Rucola verlesen, waschen und trocken schütteln. Grobe Stiele entfernen und den Rucola nach Belieben klein zupfen.

02. Für das Dressing den Bärlauch verlesen, waschen, trocken schütteln und fein hacken. Senf mit Essig, Salz und Pfeffer verrühren. Das Olivenöl unterschlagen, bis eine cremige Sauce entstanden ist. Den Bärlauch untermischen.

03. Die Äpfel schälen, vierteln, entkernen und in feine Spalten schneiden. Die Butter in einer Pfanne zerlassen und den Zucker darin unter Rühren schmelzen lassen. Die Apfelspalten hinzufügen und goldgelb braten.

04. Die Pinienkerne in einer Pfanne ohne Fett rösten. Den Rucola mit dem Dressing vermischen und auf Teller verteilen. Die karamellisierten Apfelspalten darauf anrichten, die Pinienkerne darüberstreuen und den Salat servieren.

TIPP — *Wenn Sie keinen Bärlauch erhalten (Erntezeit der Blätter ist März/Mai), können Sie für das Dressing auch Rucola, Spinat oder Petersilie nehmen. Bärlauch ist am knoblauchähnlichen Geruch erkennbar.*

ZUTATEN
FÜR 4 PERSONEN

+ **2 Bund Rucola**
+ **½ Bund Bärlauch**
+ **1 TL scharfer Senf**
+ **2 EL Weißweinessig**
+ **Salz • Pfeffer aus der Mühle**
+ **4 EL Olivenöl**
+ **2 Äpfel**
+ **2 EL Butter**
+ **1 EL Zucker**
+ **2 EL Pinienkerne**

GRÜNER SPARGEL MIT PARMESAN
AUF ORANGEN-OLIVEN-SALAT

ZUBEREITUNG

01. Die Orangen mit einem Messer so großzügig schälen, dass auch die weiße Haut mit entfernt wird. Die Filets zwischen den einzelnen Trennhäuten herausschneiden und den dabei austretenden Saft in einer kleinen Schüssel auffangen. Den Rest der Orangen gut ausdrücken. Den Saft mit Olivenöl, Honig, Essig, Zucker, Salz und Pfeffer zu einer Vinaigrette verrühren und abschmecken.

02. Den Spargel waschen und im unteren Drittel schälen, die holzigen Enden abschneiden. In einem großen Topf Wasser mit Zitronensaft, 1 Prise Zucker und 1 TL Salz zum Kochen bringen. Den Spargel darin etwa 5 Minuten garen.

03. Inzwischen die Blattsalate putzen, waschen, trocken schleudern und in mundgerechte Stücke zupfen. Die Oliven abtropfen lassen und in Ringe schneiden. Den Spargel abgießen und gut abtropfen lassen.

04. Die Butter in einer Pfanne schmelzen und den Spargel darin 1 bis 2 Minuten schwenken, dabei leicht mit Salz würzen. Den Salat mit den Orangenfilets und den Oliven auf Schüsseln verteilen. Den Spargel darauf anrichten und den Parmesan darüberhobeln. Die Vinaigrette kurz vor dem Servieren über den Salat träufeln.

ZUTATEN
FÜR 4 PERSONEN

+ **2 große Orangen**
+ **2 EL Olivenöl**
+ **1 TL Honig**
+ **2 EL Balsamico bianco**
+ **Zucker**
+ **Salz • Pfeffer aus der Mühle**
+ **600 g grüner Spargel**
+ **1 EL Zitronensaft**
+ **300 g gemischte Wintersalate (z.B. Feldsalat, Endivie, Radicchio)**
+ **80 g schwarze Oliven (ohne Stein)**
+ **1 EL Butter**
+ **50 g Parmesan (am Stück)**

TIPP — *Wenn Kinder mitessen, kann man die bitteren Salate durch mildere Sorten ersetzen, z.B. durch Eisbergsalat. Die Olivenringe extra reichen, dann kann sich jeder selbst bedienen.*

RUCOLASALAT
MIT GEBRATENEN STEINPILZEN

ZUBEREITUNG

01. Den Rucola verlesen, waschen und trocken schütteln. Grobe Stiele entfernen und den Rucola nach Belieben klein zupfen. Die Möhre schälen und in feine Stifte schneiden. Beides in Schälchen anrichten.

02. Die Steinpilze putzen, nicht waschen, sondern nur trocken abreiben. In Scheiben schneiden.

03. Für das Dressing Senf, Crème fraîche, Öl, Balsamico und Gemüsebrühe mit dem Schneebesen verquirlen. Mit Honig, Salz und Pfeffer abschmecken.

04. Die Butter in einer Pfanne erhitzen und die Steinpilze darin unter Wenden goldbraun braten. Mit Salz und Pfeffer würzen und auf den Salat geben. Das Dressing über den Salat geben und servieren.

TIPP — *Pilze sollten beim Braten nicht übereinanderliegen, da sonst zu viel Flüssigkeit austritt. Damit sie sich nicht zu sehr mit Wasser vollsaugen, werden sie auch nicht gewaschen, sondern nur abgerieben.*

ZUTATEN
FÜR 2 PERSONEN

+ **1 Bund Rucola**
+ **1 Möhre**
+ **200 g Steinpilze**
+ **2 EL süßer Senf**
+ **1 EL Crème fraîche**
+ **2 EL Öl**
+ **2 EL Aceto balsamico**
+ **4 EL Gemüsebrühe**
+ **1 EL Honig**
+ **Salz • Pfeffer aus der Mühle**
+ **1—2 EL Butter**

LINSEN-SPARGEL-SALAT
MIT GEKOCHTEN EIERN

ZUTATEN FÜR 4 PERSONEN

+ **200 g Berglinsen**
+ **1 Handvoll Petersilie**
+ **1 Handvoll Minze**
+ **1 kleine rote Zwiebel**
+ **4 EL Olivenöl**
+ **Saft von 1–2 Zitronen**
+ **1–2 TL Honig**
+ **Salz • Pfeffer aus der Mühle**
+ **gemahlener Kreuzkümmel**
+ **Gewürzsumach**
+ **400 g grüner Spargel**
+ **3 Eier**
+ **60 g Feta-Käse**
+ **40 g Mandeln**

ZUBEREITUNG

01. Die Linsen abbrausen und in ungesalzenem Wasser etwa 40 Minuten bissfest garen.

02. Inzwischen die Kräuter abbrausen, trocken schütteln und die Blätter abzupfen. Einige beiseitelegen. Die Zwiebel schälen, in feine Streifen schneiden und mit Öl, Zitronensaft, Honig, etwas Salz, Pfeffer, je 1 Prise Kreuzkümmel und Sumach in einer Schüssel verrühren.

03. Den Spargel im unteren Drittel schälen, die holzigen Enden abschneiden und die Stangen in kochendem Salzwasser etwa 8 Minuten bissfest blanchieren. Abgießen, kalt abschrecken und auskühlen lassen.

04. Die Eier etwa 5 Minuten wachsweich kochen, kalt abschrecken, pellen und halbieren. Die Linsen in ein Sieb abgießen und warm mit dem Dressing und den Kräutern vermengen. Lauwarm abkühlen lassen. Den Feta-Käse zerbröckeln und die Mandeln grob hacken.

05. Die Linsen auf einer Platte anrichten. Den Spargel und die Eier darauflegen, Mandeln und Käse darauf verteilen. Mit den übrigen Kräutern und etwas Sumach bestreuen.

SPARGELSALAT
MIT RÄUCHERLACHS

ZUTATEN FÜR 4 PERSONEN

+ 500 g grüner Spargel
+ 500 g weißer Spargel
+ Salz • 1 TL Zucker
+ 1 Handvoll Blattsalat (z.B. rotes Basilikum und roter Pflücksalat)
+ 100 g saure Sahne
+ 1 TL Meerrettich (aus dem Glas)
+ Saft und Schale von 1 unbehandelten Limette
+ Chiliflocken • 1 EL Butter
+ Pfeffer aus der Mühle
+ 2 EL Panko (asiat. Paniermehl)
+ 150 g Räucherlachs (in Scheiben)
+ 2 EL Granatapfelkerne

ZUBEREITUNG

01. Den grünen Spargel waschen und im unteren Drittel schälen. Den weißen Spargel vollständig schälen. Jeweils die holzigen Enden abschneiden und die Stangen in köchelndem Salzwasser mit dem Zucker garen. Den grünen Spargel nach etwa 6 Minuten herausheben, den weißen nach etwa 10 Minuten. Jeweils kalt abschrecken und abkühlen lassen. Etwas Kochwasser aufheben. Die Stangen schräg in 3 bis 4 cm lange Stücke schneiden.

02. Den Salat waschen und trocken schütteln. 2 bis 3 EL Kochwasser mit der sauren Sahne, dem Meerrettich, Limettensaft und -schale, Salz, 1 Prise Chiliflocken und Pfeffer zu einem Dressing verrühren, abschmecken.

03. Die Butter in einer Pfanne erhitzen und den Panko darin goldbraun rösten. Herausnehmen und abkühlen lassen. Den Spargel mit dem Dressing mischen und mit den Salatblättern auf Teller verteilen. Den Lachs in Stücke zupfen und darauf anrichten. Mit den Granatapfelkernen und den Panko-Bröseln bestreuen.

MARINIERTER GRÜNER SPARGEL
MIT AVOCADO

ZUBEREITUNG

01. Den Spargel waschen und im unteren Drittel schälen, die holzigen Enden abschneiden. 1 EL Olivenöl erhitzen und den Spargel darin andünsten. Mit Gemüsebrühe ablöschen und zugedeckt etwa 5 Minuten bissfest dünsten.

02. Den Knoblauch schälen und fein hacken. Unter den Spargel rühren und die Pfanne vom Herd nehmen.

03. Essig und restliches Olivenöl dazugeben und mit Salz und Pfeffer würzen. Den Spargel 30 Minuten marinieren lassen.

04. Die Avocado schälen, den Stein entfernen und die Avocado in dünne Scheiben schneiden. Fächerförmig auf Tellern anrichten. Den Spargel dazulegen und mit zer-bröckeltem Feta bestreuen. Die Marinade mit Salz und Pfeffer abschmecken und darüberträufeln. Basilikum waschen und trocken schütteln. Die Blätter abzupfen und den Spargel damit garnieren.

TIPP — *Der Original Feta-Käse aus Griechenland ist ein Käse aus Schaf- oder Ziegenmilch, der in Salzlake reift. Auf gleiche Weise zubereiteter weißer Käse aus Kuhmilch darf laut EU-Norm nicht mehr Feta heißen.*

ZUTATEN
FÜR 4 PERSONEN

+ **1 kg grüner Spargel**
+ **2 EL Olivenöl**
+ **2 EL Gemüsebrühe**
+ **1 Knoblauchzehe**
+ **1 EL Weißweinessig**
+ **Salz • Pfeffer aus der Mühle**
+ **1 reife Avocado**
+ **100 g Feta-Käse (oder Ziegengouda)**
+ **½ Bund Basilikum**

RUCOLASALAT
MIT GARNELEN UND KAPERN

ZUTATEN FÜR 4 PERSONEN

+ 1 Bund Rucola
+ 1 rote Paprikaschote
+ 2 kleine Tomaten
+ 2 EL Aceto balsamico
+ 4 EL Olivenöl
+ Salz • Pfeffer aus der Mühle
+ 2 EL eingelegte Kapern
+ 300 g frische Garnelen (küchenfertig)
+ 2 EL Öl

ZUBEREITUNG

01. Den Rucola verlesen, waschen und trocken schütteln. Grobe Stiele entfernen. Die Blätter klein zupfen oder schneiden.

02. Die Paprikaschote halbieren, den Stielansatz und die Kerne entfernen. Die Paprika waschen und das Fruchtfleisch in sehr feine Streifen schneiden. Die Tomaten waschen, vierteln und dabei den Stielansatz entfernen.

03. Für das Dressing Balsamico und Olivenöl verrühren und mit Salz und Pfeffer abschmecken. Die Kapern unterrühren.

04. Garnelen waschen, trocken tupfen und in einer Pfanne im heißen Öl rundum anbraten. Kurz abkühlen lassen.

05. Rucola mit Tomaten, Paprika und Garnelen vermischen, auf kleine Teller verteilen und mit der Vinaigrette beträufeln.

RUCOLA-THUNFISCH-SALAT
MIT BOHNEN UND ZWIEBELN

ZUTATEN FÜR 4 PERSONEN

+ 200 g getrocknete weiße Riesenbohnen
+ 3 Knoblauchzehen
+ 1 Lorbeerblatt
+ 200 g Rucola
+ 2 rote Zwiebeln
+ 300 g Thunfisch (aus der Dose; im eigenen Saft)
+ 1 Stück unbehandelte Zitronenschale
+ 2 EL Weißweinessig
+ 2 EL Zitronensaft • 1 TL Senf
+ Zucker
+ Salz • Pfeffer aus der Mühle
+ 6 EL Olivenöl

ZUBEREITUNG

01. Die Bohnen über Nacht in Wasser einweichen. Am nächsten Tag 2 Knoblauchzehen schälen und fein hacken. Die Bohnen waschen und mit etwa 1 l Wasser, dem Lorbeerblatt und Knoblauch etwa 1½ Stunden zugedeckt bei schwacher Hitze garen. Abgießen und abkühlen lassen.

02. Rucola verlesen, waschen und trocken schütteln. Grobe Stiele entfernen und die Blätter nach Belieben klein zupfen. Die Zwiebeln schälen und in feine Ringe schneiden.

03. Den Thunfisch abtropfen lassen und in Stücke zerteilen. Die Zitronenschale in sehr feine Streifen schneiden.

04. Für das Dressing Essig, Zitronensaft, Senf, 1 Prise Zucker, Salz und Pfeffer verrühren und nach und nach das Olivenöl mit einem Schneebesen unterrühren. Die restliche Knoblauchzehe schälen und dazupressen. Falls nötig, noch mal abschmecken. Die Salatzutaten mit dem Dressing mischen und servieren.

SPARGEL-BIRNEN-SALAT
MIT KRÄUTERN UND FETA

ZUBEREITUNG

01. Den Spargel waschen und im unteren Drittel schälen, die holzigen Enden abschneiden. Die Spargelstangen längs halbieren. Die Birnen waschen, vierteln und entkernen. Die Birnen in Spalten schneiden.

02. Das Öl erhitzen und den Spargel darin anbraten. Mit der Brühe ablöschen. Die Birnen dazugeben und zugedeckt etwa 5 Minuten bissfest garen. Herausnehmen und den Zitronensaft in den Sud geben. Mit Zucker abschmecken.

03. Die Kräuter waschen, trocken schütteln und die Blätter abzupfen. Spargel und Birnen auf Tellern anrichten und mit Salz würzen. Den Feta klein schneiden oder zerbröckeln. Auf den Salat geben. Mit dem Dressing beträufeln.

04. Den Salat mit den Kräutern garnieren und mit Sesamsamen bestreut servieren.

TIPP — *Sie können die Sesamsamen auch in einer Pfanne ohne Fett rösten. Dann bekommen sie einen intensiv nussigen Geschmack. Noch fruchtiger wird der Salat, wenn Sie einige Grapefruitfilets dazugeben.*

ZUTATEN
FÜR 2 PERSONEN

+ **300 g grüner Spargel**
+ **2 Birnen**
+ **2 EL Olivenöl**
+ **4 EL Gemüsebrühe**
+ **2 EL Zitronensaft**
+ **Zucker**
+ **gemischte Kräuter nach Belieben (z.B. Schnittlauch, Kerbel, Estragon)**
+ **Salz**
+ **100 g Feta-Käse**
+ **1 EL Sesamsamen**

WEISSER SPARGEL MIT SCHINKEN
UND RUCOLA-ERDBEER-SALAT

ZUBEREITUNG

01. Den Spargel schälen und die holzigen Enden abschneiden. Die Zitrone waschen, trocken tupfen und halbieren. In einem großen Topf reichlich Salzwasser mit Butter, Zitrone und Zucker aufkochen lassen. Den Spargel hineingeben und zugedeckt 15 bis 20 Minuten bei schwacher Hitze garen.

02. In der Zwischenzeit den Rucola verlesen, waschen und trocken schütteln. Grobe Stiele entfernen und den Rucola nach Belieben klein zupfen. Die Erdbeeren waschen, putzen und in Viertel schneiden.

03. Den Spargel aus dem Kochwasser nehmen und abtropfen lassen. Zwei Stangen Spargel in kleine Stücke schneiden und mit Rucola und Erdbeeren auf Tellern anrichten. Mit Essig und Öl beträufeln und mit Salz und Pfeffer würzen.

04. Den Schinken in lange Streifen schneiden. Die Hollandaise erwärmen und die Kräuter unterrühren.

05. Die Spargelstangen neben dem Salat anrichten, Schinkenstreifen und Sauce hollandaise darübergeben und servieren.

ZUTATEN
FÜR 4 PERSONEN

+ **500 g weißer Spargel**
+ **1 unbehandelte Zitrone**
+ **Salz • 1 EL Butter**
+ **1 TL Zucker**
+ **200 g Rucola**
+ **100 g Erdbeeren**
+ **1 EL Weißweinessig**
+ **2 EL Olivenöl**
+ **Pfeffer aus der Mühle**
+ **2 Scheiben gekochter Schinken**
+ **ca. 200 ml Sauce hollandaise (aus der Packung oder selbst gemacht, siehe Innenklappe hinten)**
+ **2 EL gehackte Petersilie oder Schnittlauchröllchen**

TIPP — *Statt der Sauce hollandaise können Sie auch eine weniger gehaltvolle Sauce aus saurer Sahne oder Crème fraîche zubereiten, die mit Salz, Pfeffer, Zitronensaft, Zucker und Schnittlauch gewürzt wird.*

HÄHNCHEN-SPARGEL-SALAT
MIT PEKANNÜSSEN

ZUBEREITUNG

01. Den Spargel waschen und im unteren Drittel schälen, die holzigen Enden abschneiden. Die Spargelstangen halbieren. Das Öl erhitzen und den Spargel darin mit den Senfkörnern anbraten. Mit Brühe ablöschen und vom Herd nehmen. Essig, Honig, Salz und Pfeffer in den Fond rühren.

02. Die Nektarinen waschen, trocken tupfen, halbieren, entsteinen und in Spalten schneiden. Mit den Pekannüssen in den Fond geben. Das Ganze zugedeckt mindestens 30 Minuten marinieren lassen.

03. Hähnchenbrustfilets waschen und trocken tupfen. Weißwein und ½ l Wasser erhitzen, aber nicht kochen lassen. Die Hähnchenbrustfilets darin etwa 15 Minuten pochieren (siehe Tipp). Herausnehmen, abtropfen lassen und in mundgerechte Stücke schneiden.

04. Vorsichtig unter den marinierten Spargel mischen. Den Salat abschmecken und in einer Schüssel anrichten.

TIPP — *Pochieren ist das Garen in heißem, aber nicht kochendem Wasser unter dem Siedepunkt (75 bis 95 °C). Das Gargut sollte dabei von der Flüssigkeit gerade bedeckt sein.*

ZUTATEN
FÜR 2 PERSONEN

+ **400 g grüner Spargel**
+ **2 EL Olivenöl**
+ **1 EL Senfkörner**
+ **2 EL Geflügelbrühe**
+ **2 EL Weißweinessig**
+ **1 EL Honig**
+ **grobes Meersalz**
+ **Pfeffer aus der Mühle**
+ **2 Nektarinen**
+ **50 g Pekannüsse (ersatzweise Walnüsse)**
+ **2 Hähnchenbrustfilets (à 150 g; ohne Haut)**
+ **200 ml Weißwein**

RUCOLASALAT
MIT LAUWARMER ENTENBRUST

ZUBEREITUNG

01. Die Entenbrüste waschen und mit Küchenpapier trocken tupfen. Die weiße Haut der Entenbrüste rautenförmig einschneiden und mit Salz und Pfeffer würzen. Eine beschichtete Pfanne ohne Fett heiß werden lassen. Die Entenbrüste mit der Hautseite nach unten in die Pfanne legen und 15 Minuten braten. Wenden und weitere 5 Minuten braten.

02. Inzwischen den Rucola verlesen, waschen und trocken schütteln. Grobe Stiele entfernen und die Blätter nach Belieben ganz lassen oder in Stücke zupfen. Die Tomaten waschen, den Stielansatz herausschneiden und die Tomaten vierteln. Den Knoblauch schälen und in feine Würfel schneiden.

03. Für die Vinaigrette den Balsamico mit 1 EL ausgetretenem Entenfett, Salz, Pfeffer und Zucker in einer kleinen Schüssel mit dem Schneebesen verrühren. Den Knoblauch dazugeben und zuletzt das Öl unterschlagen.

04. Die Entenbrust schräg in dünne Scheiben schneiden und mit dem Rucola und den Cocktailtomaten auf Tellern anrichten. Den Salat mit der Vinaigrette beträufeln. Den Parmesan mit dem Sparschäler in feinen Spänen darüberhobeln. Nach Belieben mit frischem Weißbrot servieren.

TIPP — *Besonders saftig und zart wird die Entenbrust, wenn sie nach dem Anbraten (einige Minuten auf beiden Seiten) noch etwa 50 Minuten im 100 °C heißen Backofen rosa gegart wird.*

ZUTATEN
FÜR 4 PERSONEN

+ **2 Entenbrüste (à 350 g)**
+ **Salz • Pfeffer aus der Mühle**
+ **200 g Rucola**
+ **250 g Cocktailtomaten**
+ **1 Knoblauchzehe**
+ **3 EL Aceto balsamico**
+ **Zucker**
+ **3 EL Olivenöl**
+ **40 g Parmesan**

RUCOLASALAT MIT SCHWEINEFILET
UND ERDBEEREN

ZUTATEN FÜR 4 PERSONEN

+ **2 unbehandelte Zitronen**
+ **6 EL Olivenöl**
+ **weißer Pfeffer aus der Mühle**
+ **600 g Schweinefilet**
  (in Streifen geschnitten)
+ **300 g Erdbeeren**
+ **1 Bund Rucola**
+ **4 Frühlingszwiebeln**
+ **1 EL kalte Butter**
+ **Salz**

ZUBEREITUNG

01. Zitronen waschen und trocken tupfen. Die Schale von 1 Zitrone abreiben und den Saft auspressen. Zitronensaft mit 4 EL Olivenöl verrühren, mit Pfeffer würzen und die abgeriebene Zitronenschale untermischen. Die Marinade über das Fleisch gießen, zugedeckt im Kühlschrank mindestens 1 Stunde ziehen lassen.

02. Erdbeeren waschen, putzen, trocken tupfen und vierteln. Rucola verlesen, waschen, trocken schütteln. Frühlingszwiebeln putzen, waschen und in 2 cm lange Stücke schneiden.

03. In einer Pfanne 2 EL Öl erhitzen. Das Fleisch aus der Marinade nehmen, abtropfen

lassen und im Öl rundum anbraten. Herausnehmen und beiseitestellen. Die Frühlingszwiebeln im Bratensatz anbraten und herausnehmen. Die Marinade in die Pfanne gießen. Die zweite Zitrone auspressen, den Saft dazugeben und aufkochen.

04. Vom Herd nehmen und die Butter in die Sauce rühren, mit Salz und Pfeffer abschmecken. Das Fleisch wieder in die Sauce geben und etwas ziehen lassen. Rucola, Frühlingszwiebeln und Erdbeeren mit dem Fleisch auf Tellern anrichten. Die Sauce darüberträufeln und servieren.

RUCOLASALAT
MIT ROTER BETE

ZUTATEN FÜR 4 PERSONEN

+ **200 g Rucola**
+ **300 g vorgegarte Rote Bete**
+ **1 Apfel**
+ **2 EL Weißweinessig**
+ **Salz • Pfeffer aus der Mühle**
+ **6 EL Olivenöl**
+ **100 g Ziegengouda**

ZUBEREITUNG

01. Den Rucola verlesen, waschen und trocken schütteln. Grobe Stiele entfernen und die Blätter nach Belieben ganz lassen oder in Stücke zupfen. Die Roten Beten auf dem Gemüsehobel in hauchdünne Scheiben schneiden.

02. Den Apfel vierteln, schälen und das Kerngehäuse entfernen. Das Fruchtfleisch in kleine Würfel schneiden. Für die Vinaigrette in einer kleinen Schüssel den Essig mit Salz und Pfeffer mit dem Schneebesen verrühren, dann das Öl unterschlagen.

03. Den klein geschnittenen Apfel zur Vinaigrette geben und gut untermischen. Den Ziegengouda grob reiben.

04. Die Rucolablätter mit den Rote-Bete-Scheiben und dem geriebenen Ziegengouda auf Tellern anrichten und gleichmäßig mit der Vinaigrette beträufeln. Nach Belieben frisches Baguette oder geröstete und mit Knoblauch abgeriebene Weißbrotscheiben dazu servieren.

02

SNACKS & SUPPEN

KRÄUTER-CRÊPES
MIT SPARGEL

ZUBEREITUNG

01. Für den Teig das Ei, etwas Salz, das Mehl, die flüssige Butter und die Milch zu einem glatten Teig verrühren und zugedeckt etwa 10 Minuten ruhen lassen.

02. Inzwischen für die Füllung den Spargel im unteren Drittel schälen und die holzigen Enden abschneiden. Die Spargelstangen in kochendem Salzwasser etwa 10 Minuten garen, sodass sie noch etwas Biss haben.

03. Die Avocado halbieren und den Stein entfernen. Die Avocadohälften schälen und das Fruchtfleisch in dünne Spalten schneiden. Mit dem Zitronensaft beträufeln.

04. Den Spargel abgießen und gut abtropfen lassen. Die Kräuter unter den Crêpeteig rühren. Aus dem Teig in einer heißen Pfanne in jeweils etwas Butter 4 Crêpes ausbacken.

05. Die Mandelblättchen in einer Pfanne ohne Fett goldbraun rösten. Die Butter, den Spargel und die Zitronenschale dazugeben und kurz schwenken. Je 1 Crêpe mittig mit 2 bis 3 Stangen Spargel und Avocadospalten belegen und fest aufrollen. Mit einigen Schnittlauchhalmen zusammenbinden und in hohe Gläser stellen. Heiß oder kalt mit Dips nach Belieben servieren.

TIPP — *Ein Curry-Dip schmeckt gut zu den Crêpes: Etwas Mayonnaise mit Sauerrahm und nach Belieben Aprikosenkonfitüre verrühren, mit Currypulver und Salz würzen, fertig.*

ZUTATEN
FÜR 4 PERSONEN

FÜR DIE CRÊPES:
+ **1 Ei**
+ **Salz**
+ **100 g Mehl**
+ **2 EL flüssige Butter**
+ **ca. 200 ml Milch**
+ **2 EL gehackte Kräuter, (z.B. Petersilie, Schnittlauch, Dill)**
+ **3 EL Butter zum Braten**

FÜR DIE FÜLLUNG:
+ **500 g grüner Spargel**
+ **Salz • 1 reife Avocado**
+ **1 EL Zitronensaft**
+ **1 EL Butter**
+ **3 EL Mandelblättchen**
+ **1 TL abgeriebene unbehandelte Zitronenschale**
+ **Schnittlauchhalme zum Binden**

SPARGEL-MÖHREN-TERRINE
MIT TOMATENVINAIGRETTE

ZUTATEN FÜR 4 PERSONEN

FÜR DIE TERRINE:

+ 2 Möhren
+ 500 g grüner Spargel • Salz
+ 8 Blatt weiße Gelatine
+ 1 Knoblauchzehe
+ 7–8 EL gehackte Petersilie
+ 200 g saure Sahne
+ weißer Pfeffer aus der Mühle
+ 2 EL Zitronensaft

FÜR DIE VINAIGRETTE:

+ 2 Tomaten
+ 2 EL Weißweinessig • 1 TL Zucker
+ Salz • Pfeffer aus der Mühle
+ 5 EL Olivenöl

ZUBEREITUNG

01. Die Möhren schälen und in Würfel schneiden. Den Spargel im unteren Drittel schälen, die Enden kürzen. Den Spargel in Stücke schneiden. Die Möhren 5 Minuten in Salzwasser blanchieren, abschrecken. Den Spargel in Salzwasser 12 Minuten garen.

02. Gelatine in kaltem Wasser einweichen. Knoblauch schälen und hacken. Petersilie, saure Sahne, Spargel und Knoblauch im Mixer fein pürieren. Mit Salz, Pfeffer und Zitronensaft würzen. Die Gelatine tropfnass bei schwacher Hitze auflösen, unter die Spargelcreme rühren.

03. Eine Form (1 l Inhalt) mit Frischhaltefolie auslegen, die Seiten überhängen lassen. Die Hälfte der Masse einfüllen, die Möhren daraufgeben, die restliche Spargelcreme darauf glatt streichen. Die Folie darüberschlagen. Die Terrine im Kühlschrank 4 bis 5 Stunden fest werden lassen.

04. Tomaten waschen, vierteln, entkernen und in kleine Würfel schneiden. Essig mit Zucker, Salz und Pfeffer verrühren, das Öl unterrühren. Tomaten dazugeben. Zum Servieren die Spargelterrine auf eine Platte stürzen, die Folie abziehen und die Terrine in Scheiben schneiden. Tomatenvinaigrette dazu anrichten.

WEISS-GRÜNES SPARGELGELEE
MIT SCHINKEN

ZUTATEN FÜR 6 PERSONEN

+ **je 500 g weißer und grüner Spargel**
+ **Salz**
+ **1 EL Butter**
+ **1 TL Zucker**
+ **2 EL Zitronensaft**
+ **7 Blatt weiße Gelatine**
+ **Pfeffer aus der Mühle**
+ **2 Bund Schnittlauch**
+ **300 g Schinken (in dicken Scheiben)**

ZUBEREITUNG

01. Den weißen Spargel schälen. Den Grünen Spargel waschen und im unteren Drittel schälen. Jeweils die holzigen Enden abschneiden. Weißen Spargel in kochendem Salzwasser mit Butter, Zucker und Zitronensaft 15 bis 20 Minuten garen. Grünen Spargel nur 10 bis 15 Minuten garen. Den Spargel abschrecken und abtropfen lassen. Den Spargelkochsud aufbewahren.

02. Die Gelatine in kaltem Wasser einweichen und ausdrücken. Etwas heißen Spargelsud abnehmen und die Gelatine darin auflösen. Mit etwa ½ l Spargelsud auffüllen und gründlich verrühren. Mit Salz und Pfeffer abschmecken.

03. Eine Terrinenform (oder Kastenform mit etwa 1¼ l Inhalt) mit Frischhaltefolie auskleiden und den Rand überstehen lassen. Den Schnittlauch waschen und trocken schütteln. Spargel und Schnittlauch in die Form schichten. Den Spargelsud darübergießen und die Folie darüberschlagen. Die Terrine zum Festwerden einige Stunden in den Kühlschrank stellen.

04. Zum Servieren das Gelee stürzen, in Scheiben schneiden und den Schinken dazu reichen.

MINIPIZZEN
MIT RUCOLA-SCHINKEN-RÖLLCHEN

ZUBEREITUNG

01. Für den Teig die Hefe mit dem Zucker und 125 ml lauwarmem Wasser in einer Schüssel verrühren und mit dem Mehl und dem Öl zu einem elastischen Teig verkneten. Den Hefeteig zugedeckt an einem warmen Ort 30 Minuten gehen lassen.

02. Für den Belag Zwiebeln und Knoblauch schälen und in feine Würfel schneiden. In 2 EL Öl andünsten, die Tomaten dazugeben, mit einer Gabel etwas zerdrücken und 15 Minuten köcheln lassen.

03. Die Champignons putzen und eventuell trocken abreiben, ebenso wie die Oliven und den Mozzarella in Scheiben schneiden. Die Peperoni in Ringe schneiden. Das Basilikum waschen und trocken schütteln, die Blätter von den Stielen zupfen, unter die Tomaten mischen und die Sauce mit Salz und Pfeffer abschmecken. Den Backofen auf 250 °C vorheizen.

04. Den Teig auf der bemehlten Arbeitsfläche zu vier dünnen, runden Böden ausrollen und auf ein mit Backpapier ausgelegtes Backblech legen. Die Pizzaböden mit der Tomatensauce bestreichen, den Mascarpone esslöffelweise auf die Mozzarellascheiben geben. Dann Pilze, Peperoni, Oliven und das restliche Öl darauf verteilen und die Minipizzen im Backofen auf der mittleren Schiene 15 Minuten backen.

05. Den Rucola verlesen, waschen und trocken schütteln, grobe Stiele entfernen. Die Rucolablätter in 4 Bündel teilen und jeweils mit 1 Scheibe Parmaschinken umwickeln. Die Minipizzen aus dem Ofen nehmen und mit den Rucola-Schinken-Röllchen belegen.

ZUTATEN
FÜR 4 PERSONEN

FÜR DEN TEIG:
+ **½ Würfel Hefe (ca. 20 g)**
+ **½ TL Zucker**
+ **250 g Mehl • 3 EL Olivenöl**

FÜR DEN BELAG:
+ **1 Zwiebel**
+ **4 Knoblauchzehen**
+ **6 EL Olivenöl**
+ **400 g geschälte Tomaten (aus der Dose)**
+ **100 g Champignons**
+ **100 g grüne Oliven (mit Paprika gefüllt)**
+ **1 Kugel Mozzarella (à 125 g)**
+ **4–5 eingelegte Peperoni**
+ **2 Stiele Basilikum**
+ **Salz • Pfeffer aus der Mühle**
+ **Mehl für die Arbeitsfläche**
+ **100 g Mascarpone**
+ **1 Bund Rucola**
+ **4 Scheiben Parmaschinken**

RUCOLA-TRAMEZZINI
MIT PUTENSCHINKEN

ZUTATEN FÜR 2 PERSONEN

+ **4 Scheiben Toastbrot**
+ **60 g Rucola**
+ **½ gelbe Paprikaschote**
+ **½ Schalotte**
+ **2 Scheiben Putenschinken oder gekochter Schinken**
+ **1 EL saure Sahne**
+ **1 EL Mayonnaise**
+ **Salz • Pfeffer aus der Mühle**

ZUBEREITUNG

01. Das Toastbrot entrinden. Den Rucola verlesen, waschen und trocken schütteln. Grobe Stiele entfernen und den Rucola grob hacken. Die Paprikaschote mit einem Sparschäler oder Messer schälen, entkernen und in kleine Würfel schneiden. Die Schalotte schälen und in Würfel schneiden. Den Schinken klein schneiden.

02. Saure Sahne, Mayonnaise, Paprika, Schalotte und Schinken vermischen und mit Salz und Pfeffer abschmecken.

03. Den Rucola unterrühren und den Salat auf zwei Scheiben Toastbrot verteilen. Die restlichen Scheiben darauflegen und das Toastbrot diagonal durchschneiden.

HÄHNCHENBRUST-WRAPS
MIT SCHINKEN

ZUTATEN FÜR 16 STÜCK

+ 3 Hähnchenbrustfilets (à 150 g)
+ Salz • Pfeffer aus der Mühle
+ 2 EL Öl
+ 1 Salatgurke
+ 1 Bund Frühlingszwiebeln
+ 1 Bund Rucola
+ 8 Weizentortillas (Fertigprodukt)
+ je 8 EL Mayonnaise und grüner Ketchup

ZUBEREITUNG

01. Die Hähnchenbrustfilets waschen und trocken tupfen, mit Salz und Pfeffer würzen. Das Öl in einer Pfanne erhitzen und das Hähnchenfleisch darin 10 bis 12 Minuten auf beiden Seiten goldbraun braten. Herausnehmen, abkühlen lassen und in etwa 8 cm lange, dünne Streifen schneiden.

02. Die Gurke schälen und längs halbieren, die Kerne mit einem Teelöffel entfernen. Frühlingszwiebeln putzen und waschen. Beides in etwa 8 cm lange, feine Streifen schneiden.

03. Den Backofen auf 200 °C vorheizen. Den Rucola verlesen, waschen und trocken schütteln. Die Tortillas im Backofen etwa 3 Minuten erwärmen, bis sie geschmeidig sind.

04. Die Tortillas halbieren und mit der Mayonnaise bestreichen. Jeweils einige Gurken- und Frühlingszwiebelstreifen, Rucolablätter und Hähnchenbruststreifen mittig darauf verteilen. Die Tortillahälften vorsichtig tütenförmig aufrollen und jeweils ½ EL grünen Ketchup als Klecks daraufsetzen. Besonders dekorativ sieht es aus, wenn die Tortilla-Wraps in Eierbechern oder kleinen Gläsern serviert werden.

GLASIERTE MÖHREN
MIT RUCOLA UND SCHINKEN

ZUBEREITUNG

01. Die Möhren putzen, dabei etwa 3 bis 4 cm vom Grün stehen lassen. Die Möhren schälen oder unter fließendem kaltem Wasser mit einem Messer abschaben und anschließend mit Küchenpapier gut trocken tupfen.

02. In einem breiten Topf oder einer großen Pfanne das Öl erhitzen und die Möhren darin bei schwacher Hitze etwa 3 Minuten andünsten. Die Zitrone heiß waschen und mit einem Küchentuch trocken reiben. Die Zitronenschale fein abreiben, die Zitrone halbieren und den Saft auspressen.

03. Die Möhren mit Salz, Zucker und Zitronensaft würzen und zugedeckt weitere 8 Minuten garen, dabei den Topf oder die Pfanne immer wieder ein wenig rütteln. Den Deckel abnehmen, die Zitronenschale über die Möhren streuen und alles erkalten lassen.

04. Den Rucola verlesen, waschen und trocken schütteln. Grobe Stiele entfernen. Jede Möhre mit einigen Rucolablättern so in 1 Scheibe Parmaschinken einwickeln, dass das Grün der Möhren noch herausschaut. Die Möhren dekorativ auf einer Platte anrichten und kräftig mit Pfeffer bestreuen. Nach Belieben frisches Baguette oder Ciabatta dazu reichen.

TIPP — *Als Bundmöhren werden frühe Möhrensorten, die im Frühling und Sommer jung geerntet werden, bezeichnet. Das Garen mit Zucker unterstreicht ihren leicht süßlichen Geschmack.*

ZUTATEN
FÜR 4 PERSONEN

+ **12 junge Bundmöhren (mit Grün)**
+ **6 EL Olivenöl**
+ **1 unbehandelte Zitrone**
+ **Salz**
+ **1 TL Zucker**
+ **125 g Rucola**
+ **12 dünne Scheiben Parmaschinken**
+ **Pfeffer aus der Mühle**

SPARGELCREMESUPPE
MIT SCHNITTLAUCH

ZUBEREITUNG

01. Den Spargel schälen und die holzigen Enden abschneiden. Den Spargel in kleine Stücke schneiden. Gemüsebrühe aufkochen, den Spargel dazugeben und etwa 20 Minuten bei schwacher Hitze köcheln lassen. Den Spargel in ein Sieb abgießen und den Sud auffangen. Vom Spargel 8 Spitzen beiseitelegen, den Rest mit dem Pürierstab pürieren.

02. Die Schalotten schälen und fein hacken. Die Butter in einem Topf zerlassen und die Schalotten darin andünsten. Das Mehl einrühren und darin anschwitzen. Nach und nach den Spargelkochsud einrühren. Etwa 10 Minuten köcheln lassen. Den pürierten Spargel und die Sahne unterrühren. Mit Salz, Pfeffer und Zitronensaft abschmecken.

03. Die Suppe mit den Spargelspitzen in Tassen oder Schälchen anrichten und mit Schnittlauch bestreut servieren. Dazu passen getoastete Weißbrotscheiben.

TIPP — *Die Gemüsebrühe bekommt einen intensiveren Spargelgeschmack, wenn Sie die Schalen darin zuerst etwa 20 Minuten ziehen lassen. Dafür die Spargelschalen vorher gründlich waschen.*

ZUTATEN
FÜR 4 PERSONEN

+ **500 g weißer Spargel**
+ **1 l Gemüsebrühe**
+ **2 Schalotten**
+ **1 EL Butter**
+ **1 EL Mehl**
+ **125 g Sahne**
+ **Salz • Pfeffer aus der Mühle**
+ **1 EL Zitronensaft**
+ **2 EL Schnittlauchröllchen**

SPARGELSUPPE
MIT GARNELEN UND KORIANDER

ZUBEREITUNG

01. Den Spargel schälen und die holzigen Enden abschneiden. Die Stangen längs halbieren und quer in etwa 3 cm lange Stücke schneiden. Möhren und Sellerie schälen bzw. putzen. Die Möhren mit einem Buntmesser (mit gerillter Klinge für einen Wellenschnitt) in dünne Scheiben scheiben, den Sellerie ebenfalls in Scheiben schneiden. Die Frühlingszwiebeln putzen und in feine Ringe schneiden. Die Pilze trocken abreiben und den harten Stiel abschneiden. Die Pilze je nach Größe halbieren oder vierteln.

02. Die Gemüsebrühe in einem Topf erhitzen. Sojasauce, Fischsauce sowie Spargel, Möhren und Staudensellerie dazugeben und 10 Minuten köcheln lassen. Frühlingszwiebeln, Pilze und Limettenblätter hinzufügen und weitere 5 Minuten köcheln lassen. Mit Salz und Pfeffer abschmecken. Die Garnelen waschen, trocken tupfen, in die Suppe geben und erhitzen.

03. Den Koriander waschen und trocken schütteln. Die Blättchen abzupfen. Die Suppe in vorgewärmte Teller verteilen und mit Korianderblättchen garniert servieren.

TIPP — *Wenn Sie keine frischen Shiitake-Pilze bekommen, können Sie auch getrocknete nehmen und diese vorher nach Packungsanweisung einweichen. Sie können sie aber auch durch Champignons ersetzen.*

ZUTATEN
FÜR 4 PERSONEN

+ **250 g weißer Spargel**
+ **80 g Möhren**
+ **50 g Staudensellerie**
+ **1—2 Frühlingszwiebeln**
+ **50 g frische Shiitake-Pilze**
+ **1 l Gemüsebrühe**
+ **4 EL Sojasauce**
+ **1 EL Fischsauce**
+ **2 Kaffir-Limettenblätter**
+ **Salz • Pfeffer aus der Mühle**
+ **200 g gekochte, geschälte Garnelenschwänze**
+ **½ Bund Koriandergrün**

GEMÜSESUPPE
MIT RUCOLA-PESTO

ZUTATEN FÜR 4 PERSONEN

FÜR DIE SUPPE:

+ 8 Tomaten • 4 Schalotten
+ 300 g Prinzessbohnen
+ 8 Kartoffeln • 2 EL Olivenöl
+ 2 EL gekörnte Gemüsebrühe
+ 1 TL gemahlener Kümmel
+ Salz • Pfeffer aus der Mühle

FÜR DAS PESTO:

+ 2 EL Pinienkerne • 1 Knoblauchzehe
+ 1 Bund Rucola • 5 EL Olivenöl
+ 40 g frisch geriebener Parmesan
+ Salz • Pfeffer aus der Mühle
+ 1 TL abgeriebene unbehandelte
  Zitronenschale

ZUBEREITUNG

01. Für die Suppe die Tomaten überbrühen, häuten und in Spalten schneiden. Die Schalotten schälen und hacken. Die Bohnen putzen, evtl. halbieren und waschen. Die Kartoffeln schälen, waschen und, je nach Größe, vierteln oder achteln.

02. Das Öl erhitzen und die Schalotten darin glasig dünsten. Die Bohnen und die Kartoffeln unter Rühren dazugeben und 5 Minuten dünsten. 1 l Wasser, Brühe und Kümmel dazugeben. Zugedeckt 15 bis 20 Minuten köcheln lassen. Die Tomaten hinzufügen, die Suppe mit Salz und Pfeffer würzen.

03. Für das Pesto die Pinienkerne in einer Pfanne ohne Fett goldbraun rösten. Knoblauch schälen und hacken. Rucola verlesen, waschen und trocken schütteln. Grobe Stiele entfernen und die Blätter klein schneiden. Pinienkerne, Knoblauch und Rucola mit dem Stabmixer oder im Mixer pürieren, dabei das Olivenöl langsam einlaufen lassen. Das Pesto mit Parmesan, Salz, Pfeffer und Zitronenschale abschmecken.

04. Die Suppe in Schälchen anrichten und jeweils 1 EL Pesto daraufgeben.

EXOTISCHE SUPPE
MIT GRÜNEM SPARGEL

ZUTATEN FÜR 4 PERSONEN

+ **3 getrocknete Mu-Err-Pilze**
+ **500 g grüner Spargel**
+ **1 l Geflügelbrühe**
+ **1 EL Speisestärke**
+ **2 EL Sojasauce**
+ **200 g gekochte Flusskrebsschwänze oder Krabben**
+ **Salz • Pfeffer aus der Mühle**
+ **Ingwerpulver**
+ **1 EL gehackte Korianderblättchen**

ZUBEREITUNG

01. Die Mu-Err-Pilze 30 Minuten in heißem Wasser einweichen. Etwas ausdrücken und in Streifen schneiden. Den Spargel waschen und im unteren Drittel schälen, die Enden abschneiden. Den Spargel in 3 cm lange Stücke schneiden.

02. Die Geflügelbrühe in einem Topf erhitzen, 1 Tasse abnehmen und die Speisestärke darin mit 1 EL Sojasauce glatt rühren. Die Speisestärke in die Brühe rühren, den Spargel hinzufügen und etwa 6 Minuten kochen lassen, bis der Spargel bissfest ist.

03. Die Flusskrebsschwänze oder Krabben und Mu-Err-Pilze hinzufügen und etwa 1 Minute nur ziehen, nicht mehr kochen lassen. Die Suppe mit der restlichen Sojasauce sowie Salz, Pfeffer und Ingwer abschmecken. In Schälchen anrichten und mit Koriander bestreut servieren.

RUCOLASUPPE
MIT FRÜHLINGSZWIEBELN

ZUBEREITUNG

01. Rucola verlesen, waschen und trocken schütteln. Grobe Stiele entfernen und den Rucola fein hacken. Die Frühlingszwiebeln putzen, waschen und ebenfalls fein hacken. Die Hälfte der Butter in einem Topf zerlassen, die Zwiebeln und den Rucola darin unter Rühren 2 bis 3 Minuten andünsten.

02. Dann den Wein und die Brühe dazugeben und die Suppe zugedeckt bei schwacher Hitze 8 bis 10 Minuten köcheln lassen.

03. Die Suppe vom Herd nehmen und mit dem Stabmixer pürieren. Die Sahne und den Joghurt unterrühren. Die Suppe mit Orangen- und Zitronensaft, Salz und Cayennepfeffer würzen und zugedeckt warm halten.

04. Die Chilischote längs halbieren, entkernen, waschen und fein hacken. Die restliche Butter und das Öl in einer Pfanne erhitzen. Chilischote darin kurz andünsten.

05. Die Baguettescheiben portionsweise in der Pfanne bei mittlerer Hitze auf beiden Seiten goldbraun braten. Die Brotscheiben mit Salz würzen und mit Cayennepfeffer bestäuben.

06. Die Suppe in Suppenschalen anrichten und nach Belieben mit einigen Rucolablättern und Orangenfilets garnieren. Mit dem Chilibaguette servieren.

ZUTATEN
FÜR 4 PERSONEN

+ **200 g Rucola**
+ **200 g Frühlingszwiebeln**
+ **4 TL Butter**
+ **100 ml Weißwein**
+ **1 l Gemüsebrühe**
+ **4 EL Sahne**
+ **120 g Joghurt**
+ **180 ml Orangensaft**
+ **100 ml Zitronensaft**
+ **Salz • Cayennepfeffer**
+ **1 rote Chilischote**
+ **1 EL Öl**
+ **8 dünne Scheiben Baguette**

TIPP — *Sie können das Baguette auch ohne Chili kurz anrösten, dann wird es weniger scharf. Wenn Sie den Joghurt in die Suppe rühren, sollte diese nicht mehr kochen, da der Joghurt sonst ausflockt.*

GEMÜSECREMESUPPE
MIT RUCOLA

ZUTATEN FÜR 4 PERSONEN

+ 2 Schalotten
+ 125 g junger Blattspinat oder Brunnenkresse
+ 1 kleiner Zucchino
+ 100 g Rucola
+ 2 EL Butter
+ 600 ml Gemüsebrühe
+ 100 g Sahne
+ abgeriebene Schale von ½ unbehandelten Zitrone
+ Salz • Pfeffer aus der Mühle
+ 1 Eigelb

ZUBEREITUNG

01. Die Schalotten schälen und fein hacken. Den Spinat verlesen, waschen und trocken schütteln. Den Zucchino putzen, waschen und raspeln. Den Rucola verlesen, waschen und trocken schütteln. Grobe Stiele entfernen. Einige Blätter für die Deko beiseitelegen.

02. Die Butter in einem Topf erhitzen und die Schalotten mit den Zucchiniraspeln darin andünsten. Den Spinat und den Rucola dazugeben und alles mit der Gemüsebrühe aufgießen. 5 Minuten köcheln lassen. Die Suppe mit dem Stabmixer pürieren und schaumig aufschlagen.

03. Die Sahne steif schlagen. Mit Zitronenschale, Salz und Pfeffer abschmecken. Zum Schluss das Eigelb und die Sahne unter die Suppe ziehen und nicht mehr kochen lassen. Die Suppe zum Servieren in Schälchen anrichten, mit Rucolablättern und nach Belieben Kapuzinerkresseblüten garnieren.

SPARGELSUPPE
MIT LACHSFORELLE

ZUTATEN FÜR 4 PERSONEN

+ je 500 g weißer und grüner Spargel
+ Salz • Zucker
+ 2 Zweige Estragon
+ 1 Zwiebel
+ 2 festkochende Kartoffeln
+ 2 EL Öl
+ 100 g Sahne
+ Pfeffer aus der Mühle
+ 150 g geräucherte Lachsforelle
  (in kleine Stücke geteilt)

ZUBEREITUNG

01. Den weißen Spargel schälen. Den grünen Spargel waschen und im unteren Drittel schälen. Jeweils die holzigen Enden abschneiden. Spargel in etwa 3 cm lange Stücke schneiden. Spargelschalen und -enden waschen und in 1 l Salzwasser mit 1 Prise Zucker und 1 Estragonzweig bei mittlerer Hitze 15 Minuten garen.

02. Das Spargelkochwasser durch ein Sieb in einen Topf gießen und aufkochen. Den weißen Spargel 5 Minuten darin garen. Den grünen Spargel dazugeben und weitere 10 Minuten garen. Den Spargel herausnehmen und abtropfen lassen. Die Spargelköpfe beiseitelegen.

03. Die Zwiebel schälen und in feine Würfel schneiden. Kartoffeln schälen, waschen und in kleine Würfel schneiden. Zwiebel im heißen Öl glasig dünsten, Kartoffeln dazugeben, mit Salz würzen und etwas Wasser dazugießen. Zugedeckt etwa 10 Minuten köcheln lassen.

04. Den Spargel mit der Kartoffel-Zwiebel-Mischung, drei Viertel des Suds und der Sahne mischen, mit Salz und Pfeffer würzen und erhitzen. Die Suppe in Tassen oder Schalen verteilen. Lachsforelle, Spargelköpfe und Estragon darauf anrichten.

RUCOLASUPPE
MIT KNOBLAUCHCHIPS

ZUBEREITUNG

01.   Die Kartoffeln schälen, waschen und in Würfel schneiden. Die Schalotten schälen und klein schneiden. Die Butter erhitzen und die Schalotten darin glasig dünsten. Die Kartoffeln dazugeben und mit dem Wein ablöschen. Die Brühe dazugeben und aufkochen. Etwa 15 Minuten köcheln lassen.

02.   Den Rucola verlesen, waschen und trocken schütteln. Grobe Stiele entfernen. Rucolablätter in die Suppe geben, kurz erhitzen und im Küchenmixer fein pürieren. Mit Salz, Pfeffer und 1 Prise Zucker abschmecken. Die Suppe, falls nötig, wieder erhitzen.

03.   Knoblauch schälen und in dünne Scheiben schneiden. Das Öl in einer Pfanne erhitzen und den Knoblauch darin goldgelb braten. Auf Küchenpapier abtropfen lassen. Die Suppe auf Teller oder Tassen verteilen und mit den gerösteten Knoblauchscheiben garnieren. Dazu Grissini-stangen servieren.

ZUTATEN
FÜR 4 PERSONEN

+ **200 g Kartoffeln**
+ **2 Schalotten**
+ **1–2 EL Butter**
+ **100 ml Weißwein**
+ **800 ml Gemüsebrühe**
+ **250 g Rucola**
+ **Salz • Pfeffer aus der Mühle**
+ **Zucker**
+ **2 Knoblauchzehen**
+ **2 EL Öl**

─────

TIPP — *Als Ersatz für Rucola können Sie auch mal Bärlauch nehmen, wenn er im Frühjahr Saison hat. Statt Knoblauch-chips können Sie geröstete Weißbrotcroûtons darüberstreuen.*

SPARGEL-ZITRONENGRAS-SUPPE
MIT CURRY

ZUBEREITUNG

01. Den grünen Spargel waschen und im unteren Drittel schälen. Den weißen Spargel vollständig schälen. Von beiden Sorten die holzigen Enden abschneiden. Die Spargelschalen in einen Topf geben und mit ¼ l Wasser bedecken. Das Zitronengras putzen, längs halbieren und mit den Curryblättern dazugeben. Den Sud aufkochen und zugedeckt bei schwacher Hitze etwa 10 Minuten köcheln lassen.

02. Den Sud durch ein Sieb gießen und in einer Schüssel auffangen. Den Spargel schräg in 2 bis 3 cm lange Stücke schneiden. Die Zwiebel und die Kartoffeln schälen und in kleine Würfel schneiden. Die Zwiebel in 1 EL heißer Butter andünsten, die Kartoffelwürfel und etwa die Hälfte vom weißen Spargel dazugeben. Mit dem Weißwein ablöschen. Die Brühe und den Spargelsud angießen und die Gemüse zugedeckt etwa 20 Minuten weich köcheln.

03. Die Kokoscreme unterrühren und die Suppe mit dem Stabmixer fein pürieren. Nach Belieben durch ein Sieb streichen und je nach gewünschter Konsistenz noch etwas einköcheln lassen oder aber Brühe hinzufügen.

04. Den restlichen weißen Spargel in die Suppe geben und bei schwacher Hitze 8 Minuten ziehen lassen. Den grünen Spargel in die Suppe geben und weitere etwa 8 Minuten gar ziehen lassen. Mit Salz, Zitronensaft und -schale sowie Muskatnuss abschmecken.

05. Den Spargel mit dem Schaumlöffel aus der Suppe heben und in tiefe Teller verteilen. Die Suppe mit der restlichen Butter schaumig aufmixen und über den Spargel gießen. Mit 1 Prise Chilipulver bestreuen und servieren.

ZUTATEN FÜR 4 PERSONEN

+ **250 g grüner Spargel**
+ **500 g weißer Spargel**
+ **1 Stängel Zitronengras**
+ **2 Curryblätter**
+ **1 Zwiebel**
+ **100 g mehligkochende Kartoffel**
+ **3 EL Butter**
+ **100 ml trockener Weißwein**
+ **ca. 600 ml Gemüsebrühe**
+ **100 ml Kokoscreme**
+ **Salz**
+ **Saft und Schale von ½ unbehandelten Zitrone**
+ **frisch geriebene Muskatnuss**
+ **Chilipulver**

03

MIT FISCH & FLEISCH

SAIBLINGSFILET
MIT GRÜNEM SPARGEL

ZUBEREITUNG

01. Den Spargel waschen und im unteren Drittel schälen und die holzigen Enden abschneiden. Den Spargel schräg in längliche Stücke schneiden. Die Spargelspitzen ganz lassen. Den Spargel in einer beschichteten Pfanne im Butterschmalz bei mittlerer Hitze 3 Minuten braten. Die Pfanne gelegentlich schwenken oder den Spargel mit einem Kochlöffel umrühren.

02. Salbei waschen, trocken tupfen, die Blätter abzupfen und zum Spargel geben. Den Knoblauch andrücken und ebenfalls dazugeben. Mitbraten, bis der Salbei kross ist.

03. Den Backofen auf 70 °C vorheizen. Den Saibling waschen, trocken tupfen und in dünne Scheiben schneiden. Auf zwei Teller oder eine Platte verteilen, den Fisch mit etwas Salz und Pfeffer würzen und den Teller bzw. die Platte mit dem Fisch im Backofen 5 bis 6 Minuten erwärmen.

04. Den Spargel mit dem Salbei auf dem Fisch verteilen. Die Butter erhitzen und leicht braun werden lassen, sodass Nussbutter entsteht. Etwas Salz dazugeben und mit Zitronenschale und etwas Zitronensaft abschmecken. Die Butter über den Saibling und den Spargel träufeln und sofort servieren.

ZUTATEN
FÜR 2 PERSONEN

+ **500 g grüner Spargel**
+ **½ EL Butterschmalz**
+ **½ Bund Salbei**
+ **1 Knoblauchzehe**
+ **2 große, frische Saiblings-filets (à 120 g)**
+ **Salz • Pfeffer aus der Mühle**
+ **1 EL Butter**
+ **abgeriebene Schale und Saft von 1 unbehandelten Zitrone**

TIPP — *Saiblinge gehören zur Familie der Forellenfische. Sie gelten als feine Speisefische. Wenn Sie kein Saiblingsfilet bekommen, können Sie stattdessen auch Forellen- oder Lachsfilet nehmen.*

SPAGHETTI MIT RUCOLA
UND RÄUCHERLACHS

ZUTATEN FÜR 4 PERSONEN

+ **500 g Spaghetti • Salz**
+ **1 Bund Rucola**
+ **2 Frühlingszwiebeln**
+ **2 EL Pinienkerne**
+ **2–3 EL Olivenöl**
+ **Pfeffer aus der Mühle**
+ **400 g Räucherlachs (in Scheiben)**
+ **4 EL gehackte schwarze Oliven**

ZUBEREITUNG

01. Die Spaghetti nach Packungsanweisung in einem großen Topf in reichlich kochendem Salzwasser bissfest garen.

02. Rucola verlesen, waschen, trocken schütteln und grob zerkleinern. Dabei die harten Stiele entfernen. Die Frühlingszwiebeln putzen, waschen und in Ringe schneiden.

03. Die Pinienkerne in einer beschichteten Pfanne ohne Fett rösten und beiseitestellen.

04. Das Öl in einer Pfanne erhitzen und die Frühlingszwiebeln darin kurz andünsten. Die Nudeln abtropfen lassen und mit etwas Nudelwasser und Rucola zu den Frühlingszwiebeln in die Pfanne geben. Mit Salz und Pfeffer würzen.

05. Den Lachs nach Belieben klein schneiden oder zupfen und unterrühren. Die Spaghetti auf Tellern anrichten und mit Pinienkernen und Oliven bestreut servieren.

RUCOLA-SPARGEL-SALAT
IM LACHSMANTEL

ZUTATEN FÜR 2 PERSONEN

+ **1 Bund Thai-Spargel • Salz**
+ **1 Bund Rucola**
+ **4 EL saure Sahne**
+ **1 TL Honig**
+ **Pfeffer aus der Mühle**
+ **1 Stück Salatgurke (4 cm)**
+ **1 Schalotte**
+ **1 TL Öl**
+ **2 EL Aceto balsamico**
+ **150 g Räucherlachs (in Scheiben)**

ZUBEREITUNG

01. Den Spargel kurz in Salzwasser blanchieren, abschrecken und abtropfen lassen. Die Hälfte in kleine Stücke schneiden.

02. Den Rucola verlesen, waschen und trocken schütteln. Grobe Stiele entfernen und die Hälfte der Blätter fein hacken.

03. Die Spargelstücke und den gehackten Rucola mit saurer Sahne und Honig vermischen, mit Salz und Pfeffer abschmecken.

04. Die Gurke waschen und in dünne Scheiben schneiden. Zwei Teller mit einer Rosette aus Gurken belegen. Darauf einige Spargelstangen legen. Die Schalotte schälen und fein hacken. Im Öl andünsten. Die Teller abwechselnd mit Balsamicotupfern und Schalotten verzieren.

05. Einen kleinen Metallring auf die Gurken setzen und die Wände mit dem Lachs auskleiden. Den Spargel-Rucola-Salat hineingeben. Den Ring vorsichtig abziehen, den restlichen Rucola sowie den Spargel dekorativ auf dem Salat anrichten.

GEDÄMPFTES LACHSFILET
MIT GRÜNEM SPARGEL

ZUBEREITUNG

01. Die Lachsfilets waschen und trocken tupfen. Mit Salz und Pfeffer würzen und mit Limettensaft beträufeln. Mit Frischhaltefolie bedecken und 30 Minuten ziehen lassen.

02. Den Lauch putzen, waschen und einmal quer durchschneiden. Die Stücke der Länge nach halbieren. Den Dill waschen und trocken schütteln. Den Fischfond in einen breiten Topf geben. Einen Dämpfeinsatz daraufsetzen. Die Lauchhälften flach in den Dämpfeinsatz legen, mit Salz und Pfeffer würzen. Die Fischfilets mit dem Mariniersud daraufgeben und den Dill darauf verteilen. Die Fischfilets bei mittlerer Hitze zugedeckt etwa 6 Minuten dämpfen.

03. Den Spargel waschen und im unteren Drittel schälen, die holzigen Enden abschneiden. Den Spargel quer halbieren. In reichlich Salzwasser etwa 10 Minuten blanchieren und abtropfen lassen.

04. Die fertigen Fischfilets mit dem Lauch auf Tellern anrichten. Den Spargel auf den Filets verteilen und mit dem gedämpften Dill garnieren. Jede Portion mit 1 bis 2 TL Sesamöl beträufeln. Die Limetten waschen, trocken tupfen und halbieren. Jede Portion mit 1 Limettenhälfte garnieren. Dazu passt Reis.

TIPP — *Als Dämpfeinsatz können Sie ein Bambuskörbchen — das gibt es als Zubehör für Woks — oder einen Siebeinsatz aus Edelstahl verwenden. Dieser ist ausklappbar und passt sich der Größe des Topfes an.*

ZUTATEN
FÜR 4 PERSONEN

+ **4 Lachsfiletstücke (à 200 g)**
+ **Salz • Pfeffer aus der Mühle**
+ **Saft von 2 Limetten**
+ **1 große Stange Lauch**
+ **½ Bund Dill**
+ **5 EL Fischfond**
+ **500 g grüner Spargel**
+ **ca. 8 TL Sesamöl**
+ **2 Limetten**

ZANDERFILET MIT GRÜNEM SPARGEL
UND CHAMPAGNERSAUCE

ZUTATEN FÜR 4 PERSONEN

+ **4 Schalotten**
+ **1–2 EL Butter**
+ **¼ l Champagner**
+ **800 g grüner Spargel**
+ **Salz**
+ **2 TL Zucker**
+ **4 Zanderfilets (à ca. 150 g)**
+ **2 EL Butterschmalz**
+ **bunter Pfeffer aus der Mühle**
+ **3 Stiele Estragon**
+ **200 g Crème fraîche**
+ **Cayennepfeffer**
+ **Zitronensaft**

ZUBEREITUNG

01. Die Schalotten schälen und sehr fein hacken. 1 EL Butter in einem Topf erhitzen, Schalotten darin goldgelb braten. Den Champagner dazugießen und bei schwacher Hitze bis auf die Hälfte einkochen lassen.

02. Den Spargel waschen und im unteren Drittel schälen, die holzigen Enden abschneiden. Den Spargel quer halbieren. In kochendem Salzwasser mit 1 TL Zucker 8 bis 10 Minuten garen.

03. Die Zanderfilets waschen, trocken tupfen und in einer Pfanne im heißem Butterschmalz auf beiden Seiten etwa 3 Minuten braten. Mit Salz und buntem Pfeffer würzen.

04. Estragon waschen, trocken tupfen, die Blätter abzupfen und hacken. Mit Crème fraîche und der restlichen Butter in den Champagnersud rühren und mit dem Stabmixer pürieren. Mit Salz, Cayennepfeffer, 1 TL Zucker und etwas Zitronensaft abschmecken. Zander, Spargel und Champagnersauce auf Tellern anrichten.

GRÜNER SPARGEL
MIT SEETEUFELMEDAILLONS

ZUTATEN FÜR 2 PERSONEN

+ 500 g grüner Spargel
+ ca. 300 g Seeteufelmedaillons
+ Salz • Pfeffer aus der Mühle
+ 2 EL Zitronensaft
+ 2 EL Butter
+ 2 TL Olivenöl
+ 1–2 EL Mehl
+ einige Blätter Radicchio
+ 2 EL Heidelbeeren
+ ½ TL rosa Pfefferbeeren

ZUBEREITUNG

01. Den Backofen auf 80 °C vorheizen. Den Spargel waschen und im unteren Drittel schälen, die holzigen Enden abschneiden. Die Spargelstangen längs halbieren.

02. Die Seeteufelmedaillons mit Salz, Pfeffer und Zitronensaft würzen.

03. Den Spargel in 1 EL Butter mit 1 TL Olivenöl in einer Pfanne 3 bis 4 Minuten kräftig anbraten, mit Salz und Pfeffer würzen und im vorgeheizten Ofen warm halten.

04. Seeteufelmedaillons leicht mit Mehl bestäuben. Restliche Butter und restliches Olivenöl in der Pfanne erhitzen und die Seeteufelmedaillons darin auf jeder Seite 2 bis 3 Minuten goldbraun braten. Ebenfalls im Ofen warm halten.

05. Radicchio und Heidelbeeren waschen und trocken tupfen. Auf Teller verteilen und Spargel sowie Seeteufelmedaillons darauf anrichten. Mit grob zerstoßenen Pfefferbeeren bestreuen.

GRÜNER SPARGEL
MIT RENKE UND RUCOLA

ZUBEREITUNG

01. Die Mandeln in einer Pfanne ohne Fett goldgelb rösten und beiseitestellen. Den Spargel waschen und im unteren Drittel schälen, die holzigen Enden abschneiden. Das Olivenöl in einer Pfanne erhitzen und den Spargel darin bei schwacher Hitze etwa 5 Minuten braten, mit Salz und Pfeffer würzen, die Gemüsebrühe dazugießen und im Backofen bei 50°C (Umluft) warm stellen.

02. Die Kartoffeln schälen, waschen und in kochendem Salzwasser etwa 20 Minuten garen. Den Rucola verlesen, waschen und trocken schütteln. Grobe Stiele entfernen. Schalotte und Knoblauch schälen und grob hacken.

03. Für die Vinaigrette Sherryessig, Olivenöl, Schalotte und Knoblauch im Mixer pürieren und mit Salz, Pfeffer und Zucker würzen. Zum Schluss den Parmesan unterrühren.

04. Die gegarten Kartoffeln stampfen. Die Butter zerlassen und goldbraun werden lassen. Die Sahne erwärmen. Kartoffeln mit der Butter und der Sahne verrühren. Mit Salz, Pfeffer, Muskatnuss und etwas Zitronensaft abschmecken. Warm stellen.

05. Die Renkenfilets mit Salz und Pfeffer würzen und in einer Pfanne in etwas Öl auf der Hautseite 2 Minuten anbraten. Die Filets wenden, beiseitestellen und gar ziehen lassen.

06. Die Tomaten einige Sekunden überbrühen, abschrecken, häuten, vierteln und entkernen.

07. Rucola mit der Vinaigrette mischen und mit den Tomaten auf Teller verteilen. Kartoffelpüree in die Mitte setzen, mit gerösteten Mandelstiften bestreuen, darauf die Renkenfilets legen und den Spargel dazu oder darüber (siehe Foto) anrichten.

ZUTATEN
FÜR 4 PERSONEN

+ **2 EL Mandelstifte**
+ **1 kg grüner Spargel**
+ **3 EL Olivenöl**
+ **Salz • Pfeffer aus der Mühle**
+ **200 ml Gemüsebrühe**
+ **600 g Kartoffeln**
+ **1 Bund Rucola**
+ **1 Schalotte**
+ **1 Knoblauchzehe**
+ **2 TL Sherryessig**
+ **4 EL Olivenöl**
+ **Zucker**
+ **2 EL frisch geriebener Parmesan**
+ **50 g Butter**
+ **150 g Sahne**
+ **frisch geriebene Muskatnuss**
+ **Zitronensaft**
+ **4 Renkenfilets (à 150 g)**
+ **Öl zum Braten**
+ **4 Tomaten**

KARTOFFEL-LACHS-SPIESSE
MIT RUCOLA-PESTO

ZUBEREITUNG

01. Die Kartoffeln waschen und in Salzwasser etwa 20 Minuten garen. Abgießen, kalt abschrecken und abkühlen lassen. Den Lachs waschen, trocken tupfen und in 16 gleich große Würfel schneiden. Die Kartoffeln schälen. 8 Holzspieße wässern.

02. Kartoffeln und Lachsstücke abwechselnd auf die Holzspieße stecken. Mit Thymian, Salz und Pfeffer würzen und im heißen Öl in einer großen Pfanne von allen Seiten insgesamt etwa 8 Minuten braten. Die Pfanne beiseitestellen, die Spieße ziehen lassen und dabei wenden.

03. Den Rucola verlesen, waschen und trocken schütteln. Grobe Stiele entfernen und die Blätter klein schneiden. Basilikum waschen, trocken schütteln und die Blätter von den Stielen zupfen. Knoblauch schälen und klein schneiden.

04. Rucola, Basilikum, Knoblauch, Pinienkerne und Parmesan mit dem Stabmixer pürieren. Dabei nach und nach das Öl einlaufen lassen, bis eine cremige Konsistenz entstanden ist. Das Pesto mit Salz und Pfeffer würzen. Zum Servieren die Spieße auf einer Platte anrichten. Das Pesto darüberträufeln oder separat dazu servieren.

ZUTATEN
FÜR 4 PERSONEN

+ **16 kleine festkochende Kartoffeln**
+ **Salz**
+ **300 g Lachsfilet**
+ **1 EL frisch gehackte Thymianblättchen**
+ **Salz • Pfeffer aus der Mühle**
+ **4 EL Öl**
+ **1 Bund Rucola**
+ **½ Bund Basilikum**
+ **1 Knoblauchzehe**
+ **50 g Pinienkerne**
+ **50 g frisch geriebener Parmesan**
+ **125 ml Olivenöl**

─────

TIPP — *Klassischerweise wird Pesto nur mit Basilikum zubereitet. Hier ist die Hauptzutat Rucola, der einen intensiveren Geschmack hat als Basilikum. Nehmen Sie statt Pinienkernen auch mal Mandelstifte.*

FRITTATA MIT SPARGEL
UND RÄUCHERFORELLE

ZUTATEN FÜR 2 PERSONEN

+ **½ Bund grüner Spargel**
+ **1 EL Öl**
+ **2 EL Butter**
+ **½ Bund Petersilie**
+ **6 Eier**
+ **Salz • Pfeffer aus der Mühle**
+ **50 g schwarze Oliven (ohne Stein)**
+ **200 g Räucherforelle**
+ **50 g Parmesan**

ZUBEREITUNG

01. Den Spargel waschen und im unteren Drittel schälen, die holzigen Enden abschneiden. Den Spargel in etwa 5 cm lange Stücke schneiden. Öl und Butter erhitzen und den Spargel darin andünsten.

02. Die Petersilie waschen, trocken schütteln und die Blätter hacken. Die Eier verquirlen und die Petersilie unterrühren. Mit Salz und Pfeffer würzen. Die Oliven grob hacken. Die Räucherforelle in Stücke zupfen. Die verquirlten Eier zum Spargel in die Pfanne geben.

03. Oliven und Forelle hinzufügen und mit der Eiermasse verrühren. Zugedeckt bei schwacher Hitze etwa 10 Minuten stocken lassen. Den Parmesan in Späne hobeln. Die Frittata vor dem Servieren mit dem gehobelten Parmesan bestreuen.

BLÄTTERTEIG-QUICHE
MIT SPARGEL UND LACHS

ZUTATEN FÜR 4 PERSONEN

+ **300 g Tiefkühl-Blätterteig**
+ **250 g weißer Spargel**
+ **250 g grüner Spargel**
+ **Salz • 1 TL Zucker**
+ **1 Bund Dill**
+ **1 Bund Petersilie**
+ **200 g Lachsfilet**
+ **Saft von ½ Zitrone**
+ **Pfeffer aus der Mühle**
+ **3 Eier • 100 g Sahne**
+ **100 g Crème fraîche**
+ **Mehl für die Arbeitsfläche**

ZUBEREITUNG

01. Blätterteigscheiben nebeneinander auftauen lassen. Den weißen Spargel schälen, den grünen Spargel waschen, im unteren Drittel schälen. Jeweils die holzigen Enden abschneiden. Den Spargel in etwa 4 cm lange Stücke schneiden.

02. Reichlich Salzwasser mit dem Zucker aufkochen und den weißen Spargel etwa 5 Minuten darin kochen lassen. Danach den grünen Spargel dazugeben und weitere 3 Minuten kochen. Den Spargel herausnehmen und abtropfen lassen. Den Backofen auf 180°C vorheizen.

03. Die Kräuter waschen, trocken schütteln und fein hacken. Das Lachsfilet waschen, trocken tupfen und in schmale Streifen schneiden. Mit dem Zitronensaft beträufeln und mit Pfeffer, Salz und den Kräutern würzen. Eier, Sahne und Crème fraîche verrühren, mit Salz und Pfeffer abschmecken.

04. Den Blätterteig auf der bemehlten Arbeitsfläche ausrollen und in eine Springform (26 cm ø) geben. Den Spargel und den Lachs gleichmäßig auf dem Teig verteilen und mit der Eiermasse begießen. Die Quiche etwa 30 Minuten auf der mittleren Schiene im Ofen goldgelb backen.

LEIPZIGER ALLERLEI
MIT SPARGEL UND GARNELEN

ZUBEREITUNG

01. Die Garnelen in reichlich Salzwasser etwa 10 Minuten bei mittlerer Hitze gar ziehen lassen. In ein Sieb abgießen und abtropfen lassen.

02. Den Spargel schälen und die holzigen Enden abschneiden. Den Blumenkohl und den Kohlrabi putzen und waschen. Den Spargel in 5 cm lange Stücke schneiden. Blumenkohl in kleine Röschen zerteilen. Kohlrabi halbieren und in feine Scheiben schneiden. Möhren schälen, längs vierteln und in 3 cm lange Stücke schneiden.

03. In einer Pfanne 50 g Butter mit dem Wein und 1 Prise Zucker aufkochen. Spargel, Blumenkohl und Kohlrabi darin etwa 15 Minuten bissfest garen. Mit Salz und Pfeffer abschmecken.

04. Die Möhren mit den Erbsen in wenig Wasser 8 Minuten dünsten und zu dem anderen Gemüse geben.

05. Die restliche Butter zerlassen und das Mehl darin anschwitzen. Mit Gemüsebrühe ablöschen, Crème fraîche unterrühren, erhitzen und zu der Gemüsemischung geben. Mit Salz, Pfeffer und Muskatnuss abschmecken. Zuletzt die Garnelen unterrühren. Das Leipziger Allerlei auf vorgewärmten Tellern anrichten. Nach Belieben mit Schnittlauch bestreuen.

ZUTATEN
FÜR 4 PERSONEN

+ **200 g geschälte Garnelen (küchenfertig)**
+ **Salz**
+ **350 g weißer Spargel**
+ **350 g Blumenkohl**
+ **1 kleiner Kohlrabi**
+ **250 g Möhren**
+ **60 g Butter**
+ **100 ml Weißwein**
+ **Zucker**
+ **weißer Pfeffer**
+ **100 g Erbsen (tiefgekühlt)**
+ **1 EL Mehl**
+ **¼ l Gemüsebrühe**
+ **100 g Crème fraîche**
+ **frisch geriebene Muskatnuss**

TIPP — *Leipziger Allerlei gibt es in vielen Variationen. Das Original wird aus Spargel, Möhren, Erbsen, Morcheln und Flusskrebsen zubereitet. Leipziger Allerlei kann Hauptgericht oder Beilage zu Braten sein.*

SPARGELGRATIN
MIT SCHINKEN

ZUBEREITUNG

01. Den weißen Spargel schälen, den grünen Spargel waschen und im unteren Drittel schälen. Die holzigen Enden abschneiden. Den weißen Spargel in reichlich Salzwasser mit 1 EL Butter und dem Zucker etwa 15 Minuten garen. Den grünen Spargel etwa 8 Minuten garen. Herausnehmen und abtropfen lassen.

02. Die Zwiebel schälen und in Würfel schneiden. 1 EL Butter in einem Topf erhitzen und die Zwiebel darin glasig dünsten. Mit dem Wein ablöschen und einkochen lassen. Brühe und Sahne aufgießen und bei schwacher Hitze etwa 3 Minuten kochen lassen. Die Speisestärke mit etwas kaltem Wasser glatt rühren, in die Sauce rühren und noch einmal aufkochen lassen. Mit Salz und Pfeffer abschmecken.

03. Den Backofen auf 220 °C vorheizen. Den Schinken in Streifen schneiden. Den Käse reiben. Eine Auflaufform mit der restlichen Butter einfetten. Den Spargel, falls nötig, in Stücke schneiden und in der Form verteilen. Den Schinken daraufgeben und mit der Sauce übergießen. Den Käse darüberstreuen. Das Gratin im Backofen auf der mittleren Schiene 15 bis 20 Minuten goldbraun überbacken. Nach Belieben mit grob gemahlenem Pfeffer bestreuen.

ZUTATEN
FÜR 4 PERSONEN

+ **1 kg weißer und grüner Spargel**
+ **Salz**
+ **3 EL Butter**
+ **1 TL Zucker**
+ **1 Zwiebel**
+ **100 ml Weißwein**
+ **100 ml Gemüsebrühe**
+ **200 g Sahne**
+ **1 TL Speisestärke**
+ **Salz • Pfeffer aus der Mühle**
+ **150 g gekochter Schinken**
+ **150 g Gouda oder Emmentaler**

———

TIPP — *Wenn Sie Vegetarier sind, lassen Sie den Schinken einfach weg oder ersetzen ihn — wegen der Optik — durch in Streifen geschnittene Paprika. Statt Gouda können Sie auch Mozzarella und Parmesan nehmen.*

VITELLO TONNATO
MIT KAPERN UND RUCOLA

ZUTATEN FÜR 4 PERSONEN

+ 600 g Kalbfleisch
  (aus der Lende; küchenfertig)
+ Salz • Pfeffer aus der Mühle
+ 2 EL Öl
+ 1 Dose Thunfisch (185 g; im eigenen Saft)
+ 100 ml Gemüsebrühe
+ 2 EL Crème fraîche
+ 50 g Sahne
+ 4 Sardellenfilets
+ 2 Bund Rucola
+ 2 EL eingelegte Kapern

ZUBEREITUNG

01. Die Kalbslende, falls nötig, von Haut und Sehnen befreien. Mit Salz und Pfeffer würzen. Das Öl erhitzen und die Kalbslende darin auf allen Seiten anbraten. Zuerst in Frischhaltefolie und anschließend fest in Alufolie wickeln. Im heißen Wasserbad etwa 30 Minuten zugedeckt pochieren. In den Folien abkühlen lassen.

02. Den Thunfisch abtropfen lassen. Gemüsebrühe, Crème fraîche, Sahne, Thunfisch und Sardellen pürieren. Mit Salz und Pfeffer abschmecken.

03. Den Rucola verlesen, waschen und trocken schütteln. Grobe Stiele entfernen. Den Rucola auf Tellern anrichten. Das Kalbfleisch in dünne Scheiben schneiden und auf dem Rucola verteilen. Die Sauce darübergeben. Mit Kapern garniert servieren.

CARPACCIO VOM KALB
MIT GRÜNEM SPARGEL

ZUTATEN FÜR 4 PERSONEN

+ **500 g Kalbsfilet**
+ **Salz**
+ **100 g grüner Spargel**
+ **weißer Pfeffer aus der Mühle**
+ **3 — 4 EL Weißweinessig**
+ **3 EL Martini bianco (dry)**
+ **Zucker**
+ **3 EL weißes Trüffelöl**
  (ersatzweise Steinpilz- oder Olivenöl)
+ **3 EL Olivenöl**
+ **1 EL Butter**

ZUBEREITUNG

01. Das Kalbsfilet von Haut und Sehnen befreien. In Frischhaltefolie wickeln und etwa 1 Stunde in das Tiefkühlgerät legen. Anfrieren lassen, damit man es besser schneiden kann.

02. Wenig Salzwasser zum Kochen bringen. Die Spargelstangen im unteren Drittel schälen, die Enden abschneiden und den Spargel schräg in etwa 5 cm lange Stücke schneiden. Im Salzwasser 10 Minuten blanchieren, abschrecken und abtropfen lassen.

03. Das Filet mit einem scharfen Messer oder mit der Aufschnittmaschine in hauch-

dünne Scheiben schneiden. Die Scheiben rosettenartig auf Teller legen, mit Salz und Pfeffer würzen.

04. Den Essig mit dem Martini, 1 Prise Zucker und Salz gut verrühren. Nach und nach die beiden Ölsorten untermixen. Die Marinade über das Fleisch geben.

05. Die Butter erhitzen und den Spargel darin kurz anbraten. Auf dem Carpaccio verteilen und nach Belieben mit etwas gehobeltem Parmesan bestreuen.

WEISSER SPARGEL
MIT GEBRATENEM KALBSFILET

ZUBEREITUNG

01. Den Spargel schälen und die holzigen Enden abschneiden. Inzwischen Salzwasser in einem großen Topf
zum Kochen bringen. Die Zitrone waschen, trocken tupfen
und halbieren. Den Spargel mit Zitrone, Butter und Zucker
im Salzwasser zugedeckt 15 bis 20 Minuten bei schwacher
Hitze garen.

02. Den Backofen auf 100°C erhitzen. Das Fleisch mit
Salz und Pfeffer würzen. Das Öl erhitzen und die Kalbs-
filets darin auf beiden Seiten anbraten. Auf ein Backblech
legen und im Backofen auf der mittleren Schiene etwa
20 bis 30 Minuten (je nach Fleischdicke) rosa ziehen
lassen.

03. Die Tomate blanchieren, abschrecken, häuten, entkernen und in Würfel schneiden.

04. Die Hollandaise erwärmen, Bärlauch bzw. Basilikum
und Tomatenwürfel unterrühren.

05. Den Spargel neben dem Kalbsfilet anrichten,
Tomaten-Hollandaise darübergeben und servieren.
Nach Belieben Salzkartoffeln dazu reichen.

ZUTATEN
FÜR 4 PERSONEN

+ 1 kg weißer Spargel • Salz
+ 1 unbehandelte Zitrone
+ 1 EL Butter
+ 1 TL Zucker
+ 4 Scheiben Kalbsfilet
  (à 150 g)
+ Pfeffer aus der Mühle
+ 2 EL Öl
+ 1 Tomate
+ 200 ml Sauce hollandaise
  (aus der Packung oder
  selbst gemacht, siehe
  Innenklappe hinten)
+ 2 EL gehackter Bärlauch
  oder Basilikum

TIPP — *Am besten passen zu Spargel neue Kartoffeln: Dafür
1 kg Kartoffeln mit einer Bürste waschen. In einen Topf geben
und mit Wasser bedecken. Mit 1 EL Salz etwa 20 Minuten
garen. Mit Schale servieren.*

PFEFFERSCHNITZEL
MIT SPARGELSALAT

ZUBEREITUNG

01. Den Spargel schälen und die holzigen Enden abschneiden. Den Spargel in reichlich Salzwasser mit Butter und Zucker etwa 10 bis 15 Minuten (je nach Stangendicke) bissfest garen. Abschrecken und abtropfen lassen.

02. Vom Spargelfond 6 EL abnehmen. Den Spargel in Stücke schneiden. Aus Spargelfond, Essig und Öl ein Dressing rühren. Mit Salz und Pfeffer abschmecken. Den Spargel mit dem Dressing vermischen und den Salat etwas ziehen lassen.

03. Das Toastbrot entrinden und das Brot mit dem Stabmixer oder im Küchenmixer mit den Pfefferbeeren zu Bröseln zerkleinern. Die Eier in einem tiefen Teller verquirlen. Das Mehl und die Weißbrotbrösel ebenfalls jeweils in tiefe Teller geben.

04. Die Kalbsschnitzel zwischen zwei Lagen Frischhaltefolie mit einem breiten Messer leicht flach klopfen. Die Schnitzel mit Salz und Peffer würzen. Zuerst im Mehl wenden, dann nacheinander durch die verqirlten Eier ziehen und zum Schluss mit den Weißbrotbröseln panieren.

05. Das Öl in einer Pfanne erhitzen und die Schnitzel darin auf beiden Seiten je etwa 2 bis 3 Minuten goldbraun braten. Die Schnitzel auf Küchenpapier abtropfen lassen.

06. Die Kresse vom Beet schneiden und über den Spargelsalat geben. Die Zitrone waschen, trocken tupfen und in Spalten schneiden. Die Kalbsschnitzel mit dem Spargelsalat und den Zitronenspalten servieren. Nach Belieben mit rosa Pfefferbeeren garnieren.

ZUTATEN
FÜR 4 PERSONEN

+ 1 kg weißer Spargel • Salz
+ 1 EL Butter
+ 1 TL Zucker
+ 6 EL Weißweinessig
+ 6 EL Öl
+ Pfeffer aus der Mühle
+ 6 Scheiben Toastbrot
+ 1—2 EL rosa Pfefferbeeren
+ 2 Eier
+ ca. 4 EL Mehl
+ 4 Kalbsschnitzel (à 125 g)
+ ca. 100 ml Öl
+ 1 Kästchen Kresse
+ 1 unbehandelte Zitrone

KALBSMEDAILLONS
AUF GRÜNEM SPARGEL

ZUBEREITUNG

01. Den Backofen auf 200 °C vorheizen. Den Spargel im unteren Drittel schälen, die holzigen Enden abschneiden. Den Spargel in kochendem Salzwasser etwa 5 Minuten blanchieren. Mit dem Schaumlöffel herausheben, kalt abschrecken und gut abtropfen lassen.

02. Die Kalbsmedaillons nach Belieben mit Küchengarn in Form binden. Das Butterschmalz in einer Pfanne erhitzen und die Medaillons darin bei starker Hitze rundum anbraten. Mit Salz und Pfeffer würzen.

03. Den Spargel in einer gefetteten ofenfesten Form verteilen und die Kalbsmedaillons daraufsetzen. Die Käsescheiben entrinden. Die Medaillons mit den Käsescheiben belegen und im vorgeheizten Backofen auf der mittleren Schiene etwa 10 Minuten gratinieren.

04. Zum Servieren die Kalbsmedaillons mit dem Spargel aus der Form nehmen und auf vorgewärmten Tellern anrichten. Nach Belieben mit Thymian garnieren.

––––––

TIPP — *Besonders edel sind Kalbsmedaillons aus dem Filet. Nicht ganz so teuer und ebenfalls sehr zart ist die Kalbslende. Die Scheiben fallen etwas größer aus, können aber ebenso in Form gebunden werden.*

ZUTATEN
FÜR 4 PERSONEN

+ **600 g grüner Spargel (oder Thai-Spargel)**
+ **Salz**
+ **4 Kalbsmedaillons (à ca. 120 g)**
+ **1 EL Butterschmalz**
+ **Pfeffer aus der Mühle**
+ **4 Scheiben Morbier (franz. Schnittkäse mit Ascheschicht; ersatzweise anderer Schmelzkäse)**

RINDERFILET
MIT SPARGEL UND CHAMPIGNONS

ZUTATEN FÜR 2 PERSONEN

+ **400 g Rinderfilet**
+ **Salz • Pfeffer aus der Mühle**
+ **2 EL Öl**
+ **1 Bund grüner Spargel**
+ **100 g Champignons**
+ **2 EL Butter**
+ **4 EL Gemüsebrühe**
+ **1 TL geriebener Ingwer**
+ **1 gehackte geschälte Knoblauchzehe**
+ **2 Möhren**
+ **Öl zum Frittieren**

ZUBEREITUNG

01. Den Backofen auf 120 °C vorheizen. Das Rinderfilet mit Salz und Pfeffer würzen. Das Öl erhitzen und das Filet darin auf allen Seiten braun anbraten. Im vorgeheizten Ofen auf der untersten Schiene 20 bis 30 Minuten garen.

02. Den Spargel waschen und im unteren Drittel schälen, die holzigen Enden abschneiden. Die Champignons nur trocken abreiben, nicht waschen, und in Viertel schneiden. Den Spargel und die Champignons in der Butter braun anbraten. Mit der Brühe ablöschen, Ingwer und Knoblauch dazugeben und zugedeckt etwa 10 Minuten ziehen lassen. Mit Salz und Pfeffer würzen.

03. Für die Garnitur die Möhren schälen und fein raspeln. Mit Küchenpapier trocken tupfen und in heißem Öl knusprig frittieren. Möhren herausnehmen und auf Küchenpapier abtropfen lassen.

04. Spargel und Pilze auf Tellern anrichten. Das Filet in Scheiben schneiden und darauflegen. Die frittierten Möhren darauf anrichten.

KALBSLENDCHEN MIT RUCOLA
UND TOMATEN

ZUTATEN FÜR 4 PERSONEN

+ 1 Zweig Thymian
+ 4 Kalbslendchen (à ca. 150 g)
+ Salz • Pfeffer aus der Mühle
+ 4 EL Olivenöl
+ 1 zerdrückte ungeschälte Knoblauchzehe
+ 2 EL Aceto balsamico
+ 1 Bund Rucola
+ 80 g Parmesan
+ 6 Tomaten
+ ½ Bund Radieschen
+ Meersalz

ZUBEREITUNG

01. Thymian waschen und trocken schütteln. Die Kalbslendchen salzen und pfeffern. 3 EL Öl in einer Pfanne erhitzen und die Lendchen darin auf beiden Seiten kräftig anbraten. Die Hitze reduzieren, Knoblauch und Thymian dazugeben. Die Kalbslendchen bei schwacher Hitze rosa braten. Herausnehmen, in eine ofenfeste Form legen und 5 Minuten ruhen lassen.

02. Knoblauch und Thymian aus der Pfanne nehmen und den Bratensaft mit Balsamico ablöschen, 1 EL Öl dazugeben und verrühren.

03. Den Backofengrill einschalten. Den Rucola verlesen, waschen und trocken schütteln. Grobe Stiele entfernen. Den Parmesan in 8 dünne Scheiben hobeln. Die Lendchen mit der Hälfte des Rucolas belegen und mit den Parmesanscheiben bedecken. Im Ofen überbacken, bis der Parmesan zerlaufen, der Rucola aber noch knackig ist.

04. Die Tomaten waschen, in Scheiben schneiden. Die Radieschen putzen, waschen und in Stifte schneiden. Auf Teller verteilen und mit der Marinade beträufeln. Die Lendchen darauf anrichten, mit dem restlichen Rucola garnieren und mit etwas Meersalz bestreut servieren.

ROASTBEEF
MIT RUCOLA UND TOMATEN

ZUBEREITUNG

01. Den Backofen auf 140 °C vorheizen. Das Roastbeef von Haut, Sehnen und Fett befreien. Mit Salz und Pfeffer würzen. Das Butterschmalz in einer ofenfesten Pfanne erhitzen und das Roastbeef darin auf allen Seiten braun anbraten. Im vorgeheizten Backofen auf der untersten Schiene etwa 30 Minuten garen. Das Roastbeef herausnehmen und in Alufolie gewickelt etwa 5 Minuten ruhen lassen.

02. Tomaten waschen und trocken tupfen. Das Öl erhitzen und die Tomaten mit dem Zucker darin unter Wenden kurz anbraten. Mit Salz und Pfeffer würzen.

03. Den Rucola verlesen, waschen und trocken schütteln. Grobe Stiele entfernen.

04. Das Roastbeef aufschneiden, mit Tomaten und Rucola auf einer Platte anrichten. Den Balsamico darüberträufeln und mit etwas Salz und Pfeffer würzen. Den ausgetretenen Bratensaft ebenfalls darüberträufeln und servieren.

TIPP — *Servieren Sie dazu Ciabatta oder anderes Weißbrot. Wenn Sie keine ofenfeste Pfanne besitzen, umwickeln Sie den Griff einfach mit Alufolie. So kann beim Garen im Ofen nichts schiefgehen.*

ZUTATEN
FÜR 4 PERSONEN

+ **ca. 600 g Roastbeef**
+ **Salz • Pfeffer aus der Mühle**
+ **1–2 EL Butterschmalz**
+ **600 g kleine Tomaten**
+ **3 EL Olivenöl**
+ **1 EL Zucker**
+ **1 Bund Rucola**
+ **4 EL Aceto balsamico**

SCHWEINEFILETS MIT PAPRIKA-DIP
UND RUCOLA-SELLERIE-SALAT

ZUBEREITUNG

01. Das Schweinefilet in 6 Scheiben schneiden. Ajvar und Senf verrühren und das Fleisch damit bestreichen. 1 EL Olivenöl erhitzen und das Schweinefilet darin auf jeder Seite etwa 3 Minuten braten. Das Fleisch beiseitestellen und ziehen lassen.

02. Paprika putzen, halbieren, entkernen und waschen. Paprika in kleine Würfel schneiden. Mit Frischkäse, Essig und Orangensaft mischen und mit Salz und Pfeffer abschmecken.

03. Den Sellerie putzen, waschen und längs in dünne Streifen hobeln. Den Rucola verlesen, waschen und trocken schütteln. Grobe Stiele entfernen. Sellerie und Rucola vermischen. Balsamico, Brühe, Zitronensaft, Salz und Pfeffer verrühren. Das restliche Öl unterrühren. Das Dressing mit dem Salat vermischen. Den Salat in Schüsseln anrichten und mit dem Paprika-Dip und dem Schweinefilet servieren.

ZUTATEN
FÜR 2 PERSONEN

+ **300 g Schweinefilet**
+ **je 2 TL Ajvar und Senf**
+ **3 EL Olivenöl**
+ **1 rote Paprikaschote**
+ **60 g Frischkäse**
+ **1 EL Weißweinessig**
+ **3 EL Orangensaft**
+ **Salz • Pfeffer aus der Mühle**
+ **100 g Staudensellerie**
+ **80 g Rucola**
+ **je 2 EL Aceto balsamico, Gemüsebrühe und Zitronensaft**

TIPP — *Ajvar kommt aus Südosteuropa und ist ein Paprika- oder Paprika-Auberginen-Mus, das als Brotaufstrich oder als Beilage zu Fleisch gegessen wird. Wenn es nicht erhältlich ist, lassen Sie es einfach weg.*

HÄHNCHENROULADE
MIT RUCOLA UND SCHAFSKÄSE

ZUBEREITUNG

01.   Den Rucola verlesen, waschen und trocken schütteln, grobe Stiele entfernen. Die Blätter in kochendem Salzwasser 1 Minute blanchieren, in ein Sieb abgießen, gut abtropfen lassen und fein hacken.

02.   Den Rosmarin waschen und trocken schütteln, die Nadeln abstreifen und fein hacken. Den Schafskäse fein zerbröckeln. Beides mit Rucola, Mascarpone, Semmelbröseln und Eigelb vermischen und mit Salz und Pfeffer würzen.

03.   Den Backofen auf 180°C vorheizen. Die Hähnchenbrustfilets waschen und trocken tupfen. Zwischen zwei Lagen Frischhaltefolie mit einem breiten Messer gut flach klopfen, mit Salz und Pfeffer würzen.

04.   Die Hähnchenbrustfilets mit der glatten Seite nach unten auf die Arbeitsfläche legen. Die Rucola-Käse-Masse jeweils in die Mitte der Filets geben und das Fleisch von zwei Seiten zur Mitte hin darüberschlagen, eventuell mit Holzspießchen feststecken. In einer Pfanne 2 EL Öl erhitzen und das Fleisch darin vorsichtig rundum anbraten. 4 Stücke Alufolie mit je ½ EL Öl einfetten, das Fleisch wie Bonbons darin einpacken. In einer ofenfesten Form im Backofen auf der mittleren Schiene etwa 20 Minuten garen.

05.   Die Paprikaschoten putzen, längs halbieren, entkernen und waschen. Die Frühlingszwiebeln putzen und waschen. Beides in feine Würfel schneiden und mischen. Den Knoblauch schälen und in feine Würfel schneiden. Mit dem restlichen Öl und dem Essig unter das Gemüse rühren. Mit Salz und Pfeffer würzen und den Paprikasalat zu den aufgeschnittenen Hähnchenrouladen servieren.

ZUTATEN
FÜR 4 PERSONEN

+ **100 g Rucola**
+ **Salz**
+ **1 Zweig Rosmarin**
+ **150 g Schafskäse**
+ **50 g Mascarpone**
+ **2 EL Semmelbrösel**
+ **1 Eigelb**
+ **Pfeffer aus der Mühle**
+ **4 Hähnchenbrustfilets (à 180 g)**
+ **ca. 8 EL Olivenöl**
+ **2 rote Paprikaschoten**
+ **1 Bund Frühlingszwiebeln**
+ **2 Knoblauchzehen**
+ **2 EL Weißweinessig**

HÄHNCHENBRUSTFILET
MIT SPARGEL UND KARTOFFELN

ZUBEREITUNG

01. Die Brühe mit dem Lorbeerblatt, den Pfefferkörnern und den Pimentkörnern aufkochen lassen. Die Hähnchenbrustfilets waschen, in die Brühe legen und bei schwacher Hitze etwa 10 Minuten gar ziehen lassen.

02. Die Hähnchenbrustfilets aus der Brühe nehmen und die Brühe durch ein Sieb in einen anderen Topf gießen. Erneut aufkochen lassen und mit etwas Salz und Pfeffer würzen. Die Kartoffeln schälen, waschen, halbieren und in die Brühe geben. Etwa 20 Minuten bei schwacher Hitze weich garen.

03. Den Spargel waschen und im unteren Drittel schälen, die holzigen Enden abschneiden und die Stangen in 3 bis 4 cm lange Stücke schneiden. Nach etwa 10 Minuten zu den Kartoffeln in die Brühe geben und nur so lange darin garen, dass er noch etwas Biss hat. Das Kartoffel-Spargel-Gemüse mit dem Schaumlöffel aus der Suppe heben und abtropfen lassen.

04. Die Sahne zur Brühe geben und die Mischung auf etwa 400 ml einköcheln lassen. Den Meerrettich einrühren und die Sauce mit Salz, Pfeffer und Zitronensaft abschmecken.

05. Die Hähnchenbrustfilets in Scheiben schneiden und in der Sauce heiß werden lassen. Die Butter in einer Pfanne erhitzen und das Gemüse darin 1 bis 2 Minuten schwenken. Leicht mit Salz würzen.

06. Die Hähnchenscheiben mit der Sahnesauce in Schüsseln anrichten, das Kartoffel-Spargel-Gemüse darübergeben. Mit Schnittlauch und frisch gehobeltem Meerrettich bestreuen und servieren.

ZUTATEN
FÜR 4 PERSONEN

+ **600 ml Gemüsebrühe**
+ **1 Lorbeerblatt**
+ **½ TL schwarze Pfefferkörner**
+ **½ TL Pimentkörner**
+ **4 Hähnchenbrustfilets (à ca. 120 g)**
+ **Salz • Pfeffer aus der Mühle**
+ **500 g kleine, festkochende Kartoffeln**
+ **500 g grüner Spargel**
+ **150 g Sahne**
+ **1–2 TL geriebener Meerrettich**
+ **1–2 TL Zitronensaft**
+ **2 EL Butter**
+ **Schnittlauch und Meerrettich zum Garnieren**

HÄHNCHENKEULEN
MIT SPARGEL UND KIRSCHTOMATEN

ZUBEREITUNG

01. Den Backofen auf 180°C vorheizen. Die Hähnchen-keulen waschen und trocken tupfen. Den Honig, den Essig, das Paprikapulver sowie Salz und Pfeffer mit 2 bis 3 EL Öl verrühren und die Keulen damit rundherum einstreichen.

02. Den Knoblauch schälen und in feine Würfel schnei-den. Die Hähnchenkeulen mit dem Knoblauch in eine Auflaufform geben. Die Kartoffeln mit der Schale gründlich waschen, halbieren, mit 2 bis 3 EL Öl vermengen und mit Salz würzen. Zu den Keulen legen und alles im Ofen etwa 35 Minuten backen. Ab und zu wenden.

03. Inzwischen den Spargel waschen und im unteren Drittel schälen, die holzigen Enden abschneiden und die Stangen längs halbieren. In kochendem Salzwasser mit 1 TL Zucker 8 Minuten blanchieren. Mit dem Schaumlöffel herausheben und mit dem restlichen Öl bestreichen.

04. Die Tomaten waschen. Den Thymian waschen und trocken schütteln. Den Spargel, die Tomaten und den Thy-mian während der letzten etwa 10 Minuten zu den Hähn-chenkeulen geben. Etwas Brühe seitlich angießen, damit nichts anbrennt. Die Form aus dem Ofen holen und die Hähnchenkeulen mit dem Gemüse servieren.

ZUTATEN
FÜR 4 PERSONEN

+ **8 Hähnchenkeulen (küchenfertig)**
+ **1 EL Honig**
+ **1 EL Aceto balsamico**
+ **1 EL Paprikapulver**
+ **Meersalz**
+ **Pfeffer aus der Mühle**
+ **6−7 EL Olivenöl**
+ **3 Knoblauchzehen**
+ **800 g Frühkartoffeln**
+ **500 g grüner Spargel**
+ **Zucker**
+ **250 g Kirschtomaten (Cocktailtomaten)**
+ **4 Zweige Thymian**
+ **ca. 150 ml Hühnerbrühe**

TIPP — *Für dieses Rezept werden nur die unteren Keulen verwendet. Falls Sie Keulen mit Oberschenkel haben, benötigen Sie nur 4 Stück. Die Garzeit verlängert sich dann um 5 bis 10 Minuten.*

04

VEGETARISCH

SPARGELOMELETT
MIT KARTOFFELN UND PAPRIKA

ZUBEREITUNG

01. Den weißen Spargel vollständig, den grünen Spargel im unteren Drittel schälen. Die holzigen Enden abschneiden. Den Spargel in etwa 5 cm lange Stücke schneiden. Den weißen Spargel in Salzwasser etwa 10 Minuten bissfest kochen, herausheben und eiskalt abschrecken. Den grünen Spargel nur etwa 6 Minuten kochen und ebenfalls kalt abschrecken.

02. Kartoffeln in dünne Scheiben schneiden. Paprika putzen, halbieren, entkernen, waschen und in mundgerechte Stücke schneiden. Die Zwiebel schälen und in Würfel schneiden.

03. Die Butter in einer großen Pfanne erhitzen. Das Gemüse dazugeben und bei schwacher Hitze etwa 5 Minuten andünsten, mit Salz und Pfeffer würzen.

04. Die Eier mit der Sahne verrühren, mit Salz, Pfeffer und Muskatnuss würzen. Die Eiermilch in die Pfanne gießen und 5 Minuten bei sehr schwacher Hitze stocken lassen. Den Backofengrill vorheizen und das Omelett 3 bis 4 Minuten goldbraun überbacken.

ZUTATEN
FÜR 4—6 PERSONEN

+ je 600 g weißer und grüner Spargel
+ Salz
+ 600 g gekochte Kartoffeln (vom Vortag)
+ je 1 rote und gelbe Paprikaschote
+ 1 Zwiebel
+ 2 EL Butter
+ Salz • Pfeffer aus der Mühle
+ 6 Eier
+ 300 g Sahne
+ frisch geriebene Muskatnuss

TIPP — *Sie können noch 1 gehackte Knoblauchzehe mit dem Gemüse andünsten und zum Schluss Schnittlauch über das Omelett streuen. Dazu passt ein frischer Salat aus Kopf- oder Eisbergsalat.*

WEISSER SPARGEL
MIT DREI SAUCEN

ZUTATEN FÜR 2 PERSONEN

+ **500 g weißer Spargel** • **Salz**
+ **1 EL Butter** • **1 TL Zucker**

FÜR DIE SAUERRAHMSAUCE:
+ **100 g saure Sahne** • **1 EL Zitronensaft** • **Salz**
+ **Pfeffer aus der Mühle** • **2 EL Kresse**

FÜR DIE AVOCADOSAUCE:
+ **1 Avocado** • **1 EL Crème fraîche**
+ **1 TL Öl** • **2 EL gehackte Pistazien**
+ **Cayennepfeffer** • **1 EL Zitronensaft**

FÜR DIE TOMATENSAUCE:
+ **2 Tomaten** • **je 1 Schalotte und Knoblauchzehe** • **2 EL Olivenöl** • **2 EL Rotwein**
+ **Salz** • **Pfeffer aus der Mühle** • **1 TL Zucker**

ZUBEREITUNG

01. Den Spargel schälen und die holzigen Enden abschneiden. In kochendem Salzwasser mit Butter und Zucker 20 Minuten garen.

02. Für die Sauerrahmsauce die saure Sahne mit Zitronensaft verrühren, mit Salz und Pfeffer abschmecken, in ein Schälchen füllen und mit Kresse dekorieren.

03. Für die Avocadosauce die Avocado schälen, den Stein herauslösen und das Fruchtfleisch mit der Gabel zerdrücken. Crème fraîche, Öl und 1 EL Pistazien unterrühren. Mit Salz, Cayennepfeffer und Zitronensaft abschmecken. In ein Schälchen füllen und mit den restlichen Pistazien garnieren.

04. Für die Tomatensauce die Tomaten waschen und in kleine Würfel schneiden. Schalotte und Knoblauch schälen und fein hacken. Das Olivenöl erhitzen und beides darin andünsten. Tomaten, Rotwein und Zucker dazugeben. Etwas einköcheln lassen. Mit Salz und Pfeffer würzen.

05. Den Spargel auf einer Platte anrichten und die Saucen dazu servieren.

SPARGEL IM KRÄUTERMANTEL
MIT TOMATENSAUCE

ZUTATEN FÜR 2 PERSONEN

+ **500 g weißer Spargel • Salz**
+ **1 EL Butter • 1 TL Zucker**
+ **4 Tomaten • 1 Schalotte**
+ **2 EL Olivenöl • 1 EL Honig**
+ **2 EL Rotwein • Pfeffer aus der Mühle**
+ **2 EL gehacktes Basilikum**
+ **2 Eier**
+ **50 g Mehl • 50 g Paniermehl**
+ **je 2 EL gehackte Petersilie, gehackter Majoran und gehackter Thymian**
+ **Öl zum Frittieren**
+ **150 g Räucherlachs (in Scheiben)**

ZUBEREITUNG

01. Den Spargel schälen und die Enden abschneiden. Den Spargel in kochendem Salzwasser mit Butter und Zucker zugedeckt bei schwacher Hitze etwa 20 Minuten garen. Herausnehmen, abtropfen und etwas abkühlen lassen.

02. Die Tomaten überbrühen, abschrecken, häuten, entkernen und in Stücke schneiden.

03. Die Schalotte schälen und hacken. Die Schalottenwürfel in Olivenöl andünsten und den Honig unterrühren. Die Tomaten dazugeben und mit Rotwein ablöschen. Etwas einköcheln lassen. Mit Salz, Pfeffer und Basilikum abschmecken.

04. Die Eier verquirlen. Mehl und Paniermehl jeweils in tiefe Teller verteilen. Den Spargel im Mehl wenden und durch die verquirlten Eier ziehen. Die gehackten Kräuter mit dem Paniermehl vermischen und die Spargelstangen darin wenden. Öl 2 cm hoch in einer Pfanne erhitzen und die Spargelstangen darin ausbacken. Auf Küchenpapier abtropfen lassen.

05. Den gebackenen Spargel auf einer Platte anrichten und mit der Tomatensauce servieren.

SPARGELPFANNKUCHEN
MIT PAPRIKA-KAPERN-SAUCE

ZUBEREITUNG

01. Den Spargel schälen und die holzigen Enden abschneiden. Den Spargel in 2 Portionen teilen, mit Küchengarn umwickeln und in kochendem Salzwasser mit Butter und Zucker etwa 20 Minuten bissfest garen.

02. Die Paprikaschote putzen, halbieren, entkernen und waschen. In feine Würfel schneiden. Essig, Salz, Pfeffer und Öl verrühren und Paprika, Kapern und Schnittlauch unterrühren.

03. Die Milch in eine Schüssel geben. Eier, 1 Prise Salz und Mehl dazugeben und glatt rühren.

04. Etwas Butter in einer Pfanne erhitzen, ein Viertel des Teigs dazugeben und so nacheinander 4 Pfannkuchen backen. Die Pfannkuchen warm halten.

05. Zum Servieren die Spargelstangen in die Pfannkuchen wickeln, auf Tellern anrichten und mit der Sauce servieren.

ZUTATEN
FÜR 4 PERSONEN

+ **16 dicke Stangen weißer Spargel**
+ **Salz**
+ **1 EL Butter**
+ **1 TL Zucker**
+ **½ rote Paprikaschote**
+ **2 EL Weißweinessig**
+ **Pfeffer aus der Mühle**
+ **3 EL Olivenöl**
+ **2 EL kleine Kapern**
+ **1 EL Schnittlauchröllchen**
+ **¼ l Milch**
+ **2 Eier**
+ **125 g Mehl**
+ **Butter zum Braten**

TIPP — *Zum Warmhalten können Sie die Pfannkuchen sowie, falls nötig, den Spargel bei 50°C in den Backofen geben. Nicht ganz so vegetarisch wird's, wenn Sie die Crêpes mit klein geschnittenem Schinken backen.*

SPARGEL-QUICHE
MIT RICOTTA UND PARMESAN

ZUTATEN FÜR 4 PERSONEN

FÜR DEN TEIG:
+ 300 g Mehl • 150 g weiche Butter
+ 1 Ei • 1 Eigelb • 1 EL Olivenöl • Salz

FÜR DEN BELAG:
+ 500 g grüner Spargel • Salz
+ 400 g Ricotta • 3 Eier
+ 100 g geriebener Parmesan
+ Pfeffer aus der Mühle
+ frisch geriebene Muskatnuss

AUSSERDEM:
+ Mehl für die Arbeitsfläche
+ Fett für die Form

ZUBEREITUNG

01. Mehl, Butter, Ei, Eigelb, 100 ml Wasser, Öl und etwas Salz zu einem glatten Teig verkneten. Zu einer Kugel formen, in Folie wickeln und etwa 30 Minuten kalt stellen.

02. Den Spargel im unteren Drittel schälen und die holzigen Enden abschneiden. Die Stangen nach Belieben ganz lassen oder in Stücke schneiden. Den Spargel in kochendem Salzwasser etwa 5 Minuten garen, herausnehmen, abschrecken und abtropfen lassen.

03. Ricotta, Eier und Parmesan mischen und mit Salz, Pfeffer und Muskat würzen. Den Backofen auf 200 °C vorheizen.

04. Den Teig in der Größe einer eckigen Tarteform (22 x 22 cm) oder einer runden Quicheform (24 cm ø) auf der bemehlten Arbeitsfläche ausrollen. Die Form einfetten und mit dem Teig auskleiden. Den Spargel dekorativ darauf verteilen und die Ricottamasse darübergeben. Mit grob gemahlenem Pfeffer bestreuen. Die Quiche im vorgeheizten Backofen auf der mittleren Schiene etwa 30 Minuten backen.

OMELETTROULADE
MIT SPARGEL-MÖHREN-FÜLLUNG

ZUTATEN FÜR 4 PERSONEN

FÜR DIE FÜLLUNG:

+ **250 g grüner Spargel**
+ **200 g Möhren • Salz**
+ **150 g Sahne • 1 Ei**
+ **1 TL Speisestärke**
+ **Pfeffer aus der Mühle**
+ **frisch geriebene Muskatnuss**

FÜR DIE OMELETTS:

+ **1 Möhre • 6 Eier**
+ **Salz • Pfeffer aus der Mühle**
+ **2 EL Butter**

ZUBEREITUNG

01. Spargel und Möhren schälen. Vom Spargel die Enden abschneiden. Möhren längs in Stifte schneiden. Beides in kochendem Salzwasser etwa 8 Minuten bissfest garen, abgießen und abtropfen lassen. Sahne, Ei und Stärke verrühren. Mit Salz, Pfeffer und Muskatnuss würzen.

02. Für die Omeletts die Möhre schälen und fein reiben. Die Eier trennen. Die Eiweiße steif schlagen. Die Eigelbe verquirlen und mit Salz und Pfeffer würzen. Die Möhre unterrühren. Den Eischnee locker unter die Eigelbcreme heben.

03. 1 EL Butter in einer großen beschichteten Pfanne zerlassen. Die Hälfte der Eiermasse hineingeben, verstreichen und zugedeckt etwa 5 Minuten bei mittlerer Hitze backen. Im Backofen bei 70 °C (Umluft) warm halten. Aus der restlichen Masse ein zweites Omelett backen.

04. Die Backofentemperatur auf 140 °C erhöhen. Die Sahne-Ei-Masse auf beide Omeletts verteilen. Möhren und Spargel daraufgeben und mit Salz und Pfeffer würzen. Die Omeletts zusammenrollen und mit Alufolie zugedeckt etwa 10 Minuten im Ofen backen. Die Omelettroulade vor dem Servieren in Scheiben schneiden.

SPARGELRISOTTO
MIT FRITTIERTEM KNOBLAUCH

ZUBEREITUNG

01. Den Spargel waschen und im unteren Drittel schälen. Die Enden und die Spitzen abschneiden, die Spitzen beiseitelegen. Die Spargelstangen in etwa 1 cm dicke Scheiben schneiden.

02. Zwiebel und 3 Knoblauchzehen schälen und in feine Würfel schneiden. 3 EL Olivenöl erhitzen und Zwiebeln und Knoblauch darin glasig dünsten. Die Spargelscheiben (ohne die Spitzen) dazugeben und anbraten. Den Reis unterrühren und glasig dünsten. Den Wein angießen und bei schwacher Hitze völlig einkochen lassen.

03. Nach und nach die Brühe dazugießen. Den Risotto etwa 20 Minuten bei schwacher Hitze unter Rühren garen.

04. Den restlichen Knoblauch schälen, in dünne Scheiben schneiden und im restlichen Öl goldgelb frittieren. Die Spargelspitzen in Salzwasser etwa 5 Minuten garen.

05. Thymian, Pecorino, Safran, Spargelspitzen und Butter unter den Reis mischen, mit Salz und Pfeffer abschmecken.

06. Zum Servieren den Risotto auf Tellern anrichten und mit frittierten Knoblauchscheiben bestreuen.

ZUTATEN
FÜR 4 PERSONEN

+ **200 g grüner Spargel**
+ **1 Zwiebel**
+ **8 Knoblauchzehen**
+ **ca. 8 EL Olivenöl**
+ **350 g Risottoreis**
+ **125 ml trockener Weißwein**
+ **700 ml heiße Geflügelbrühe**
+ **Salz**
+ **1 TL gehackte Thymianblättchen**
+ **120 g geriebener Pecorino**
+ **½ Döschen Safranpulver**
+ **20 g Butter**
+ **Pfeffer aus der Mühle**

TIPP — *Risottoreis braucht Aufmerksamkeit. Die heiße Brühe wird nach und nach dazugegeben und immer wieder eingeköchelt, bis sie verdampft ist. Dabei den Reis häufig umrühren, damit er nicht anbrennt.*

RUCOLA-DIP
MIT OFENKARTOFFELN

ZUBEREITUNG

01.   Den Backofen auf 220 °C vorheizen. Die Kartoffeln gründlich waschen, mit Küchenpapier trocken tupfen und mit 1 EL Öl bepinseln. Die Kartoffeln auf ein Backblech legen und im Backofen auf der mittleren Schiene etwa 1 Stunde garen.

02.   Inzwischen den Rucola verlesen, waschen und trocken schütteln. Grobe Stiele entfernen, einige Blätter für die Deko beiseitelegen. Die Hälfte der Rucolablätter grob hacken und mit 100 g Sahne mischen, mit dem Stabmixer pürieren und mit Salz und Pfeffer kräftig würzen.

03.   Die restlichen Rucolablätter sehr fein hacken. In einer Schüssel den Frischkäse mit dem Senf, der Rucolasahne und 1 EL Öl verrühren, dann den fein gehackten Rucola untermischen. Die restliche Sahne steif schlagen und unter die Rucola-Käse-Masse heben.

04.   Den Rucola-Dip in vier kleine Schälchen füllen und mit den beiseitegelegten Rucolablättern garnieren. Mit den Ofenkartoffeln servieren.

———

TIPP — *Etwas abgeriebene unbehandelte Limettenschale und einige Spritzer Limettensaft geben dem Dip eine besonders frische Note. Er passt auch gut zu Kartoffelpuffern und zu Gegrilltem.*

ZUTATEN
FÜR 4 PERSONEN

+ **4 große vorwiegend fest- kochende Kartoffeln (à ca. 220 g)**
+ **2 EL Olivenöl**
+ **125 g Rucola**
+ **200 g Sahne**
+ **Salz • Pfeffer aus der Mühle**
+ **150 g Frischkäse**
+ **1 TL Senf**

RUCOLA-RAVIOLI
IN RICOTTA-KRÄUTER-SAUCE

ZUBEREITUNG

01. Für den Teig Mehl, Eier und Öl mit 1 TL Salz zu einem glatten, geschmeidigen Teig verkneten. Bei Bedarf etwas Wasser oder Mehl dazugeben. Den Teig zu einer Kugel formen und zugedeckt etwa 30 Minuten ruhen lassen.

02. Für die Füllung den Rucola verlesen, waschen und trocken schütteln. Grobe Stiele entfernen und die Blätter fein hacken. Die Zwiebel schälen und fein hacken. Das Öl in einer Pfanne erhitzen. Die Zwiebel darin glasig dünsten. Den Rucola dazugeben und unter Rühren bei mittlerer Hitze einige Minuten dünsten, bis er zusammengefallen ist. Lauwarm abkühlen lassen und mit Ricotta und Pecorino mischen, mit Salz, Pfeffer und Muskat würzen.

03. Den Teig nochmals durchkneten und mit der Nudelmaschine oder auf einer leicht bemehlten Arbeitsfläche messerrückendick ausrollen.

04. Die Hälfte des Teiges in Abständen von etwa 3 cm mit je 1 bis 2 TL Füllung belegen und mit dem restlichen Teig bedecken. Teig um die Füllung herum gut andrücken und mit einem Teigrädchen Teigtaschen ausschneiden. Die Ravioli in kochendem Salzwasser 3 bis 4 Minuten garen.

05. Den Ricotta mit Sahne und Zitronensaft erhitzen und verrühren, Basilikum unterrühren und mit Salz und Pfeffer abschmecken. Pinienkerne ohne Fett in einer Pfanne rösten. Rucola verlesen, waschen und trocken schütteln. Grobe Stiele entfernen und den Rucola klein zupfen.

06. Die Ravioli mit einer Schaumkelle herausheben, abtropfen lassen und mit der Sauce auf vorgewärmten Tellern anrichten. Mit Rucola und Pinienkernen bestreuen.

ZUTATEN
FÜR 4–6 PERSONEN

FÜR DEN TEIG:
+ **400 g Mehl • 4 Eier**
+ **1 TL Olivenöl • Salz**
+ **Mehl für die Arbeitsfläche**

FÜR DIE FÜLLUNG:
+ **200 g Rucola**
+ **1 Zwiebel**
+ **1 EL Olivenöl**
+ **250 g Ricotta**
+ **50 g geriebener Pecorino**
+ **Salz • Pfeffer aus der Mühle**
+ **frisch geriebene Muskatnuss**

AUSSERDEM:
+ **200 g Ricotta**
+ **4 EL Sahne**
+ **2 EL Zitronensaft**
+ **1 EL gehackte Basilikumblätter**
+ **Salz • Pfeffer aus der Mühle**
+ **2 EL Pinienkerne**
+ **½ Bund Rucola**

SPAGHETTI
MIT RUCOLA UND CHILI

ZUTATEN FÜR 4 PERSONEN

+ **500 g Spaghetti • Salz**
+ **75 g Parmesan**
+ **100 g Rucola**
+ **1 Schalotte**
+ **2 Knoblauchzehen**
+ **1 rote Chilischote**
+ **6 EL Olivenöl**
+ **2 EL eingelegte Kapern**
+ **Pfeffer aus der Mühle**

ZUBEREITUNG

01. Die Spaghetti nach Packungsanweisung in reichlich kochendem Salzwasser bissfest garen. Den Parmesan fein reiben.

02. Den Rucola verlesen, waschen und trocken schütteln. Grobe Stiele entfernen, die Blätter nach Belieben ganz lassen oder in Stücke zupfen.

03. Die Schalotte und den Knoblauch schälen und in feine Würfel schneiden. Die Chilischote längs halbieren, entkernen, waschen und fein hacken oder in dünne Streifen schneiden.

04. Das Öl in einem großen Topf erhitzen. Chili, Schalotten- und Knoblauchwürfel darin bei mittlerer Hitze andünsten. Die Spaghetti abgießen und gut abtropfen lassen, dabei ½ Tasse Kochwasser auffangen.

05. Die Spaghetti mit dem Rucola, den Kapern, dem aufgefangenen Kochwasser und dem Parmesan in den Topf zum Chiliöl geben und alles gut vermischen. Mit Salz und Pfeffer würzen, auf vorgewärmte Teller verteilen und sofort servieren.

LINGUINE
MIT RUCOLA-PESTO

ZUTATEN FÜR 4 PERSONEN

+ 1 Bund Rucola (ca. 75 g)
+ ½ Bund Basilikum
+ 1 Knoblauchzehe
+ 50 g geriebener Pecorino
+ 30 g Pinienkerne
+ 7 EL Olivenöl
+ Salz • Pfeffer aus der Mühle
+ 500 g Linguine (oder Spaghetti)

ZUBEREITUNG

01. Den Rucola verlesen und grobe Stiele entfernen. Basilikum und Rucola waschen und trocken schütteln. Die Hälfte vom Rucola beiseitelegen. Restlichen Rucola und Basilikum im Mixer zerkleinern.

02. Den Knoblauch schälen und grob hacken. Pecorino, Pinienkerne, Knoblauch und Öl zum Rucola geben und zu einer dicken Paste pürieren. Mit Salz und Pfeffer würzen.

03. Die Linguine nach Packungsanweisung in reichlich kochendem Salzwasser bissfest garen. In ein Sieb abgießen und abtropfen lassen. Etwa ½ Tasse Kochwasser auffangen und mit dem Pesto verrühren. Die Nudeln mit dem Pesto vermischen und mit dem restlichen Rucola garniert servieren.

ITALIENISCHER NUDELAUFLAUF
MIT SPARGEL UND ERBSEN

ZUBEREITUNG

01. Den Backofen auf 180°C Umluft vorheizen. Eine Springform mit Butter einfetten und mit Semmelbröseln ausstreuen. Die Brotscheiben mit einem Nudelholz etwas dünner ausrollen. Den Boden und die Ränder der Springform damit auslegen. Dabei etwas Brot für den Deckel beiseitelegen.

02. Die Nudeln in reichlich kochendem Salzwasser nach Packungsangabe bissfest garen. Abgießen, kalt abschrecken und abtropfen lassen. Den Spargel waschen und im unteren Drittel schälen, die holzigen Enden abschneiden und die Stangen in etwa 1 cm breite Stücke schneiden.

03. Die Zwiebel und den Knoblauch schälen und in feine Würfel schneiden. Beides in der Hälfte der Butter etwa 2 Minuten andünsten. Die Erbsen und den Spargel dazugeben und kurz mitdünsten. Die Tomaten und die Sahne hinzufügen und alles mit Salz, Pfeffer und Chili abschmecken.

04. Den Mozzarella abtropfen lassen und würfeln. Die Petersilie waschen und trocken schütteln, die Blättchen abzupfen und klein hacken. Die Pinienkerne grob hacken. Die Nudeln, den Mozzarella, die Petersilie, die Pinienkerne sowie die Hälfte des Parmesans mischen und in die Springform füllen. Leicht flach drücken und mit dem restlichen Brot belegen. Dieses ebenfalls andrücken. Die übrige Butter zerlassen und den Auflauf damit bestreichen. Den restlichen Parmesan darüberstreuen. Den Auflauf im Ofen etwa 40 Minuten backen.

05. Den Nudelauflauf aus dem Ofen nehmen und etwas abkühlen lassen. In Stücke schneiden, nach Belieben mit frischen Kräutern garnieren und servieren.

ZUTATEN
FÜR 4–6 PERSONEN

+ **Butter und Semmelbrösel für die Form**
+ **4 Scheiben Tramezzini-Brot (ca. 300 g)**
+ **500 g Rigatoni**
+ **Salz**
+ **250 g grüner Spargel**
+ **1 große Zwiebel**
+ **2 Knoblauchzehen**
+ **60 g Butter**
+ **150 g Erbsen (tiefgekühlt)**
+ **600 g stückige Tomaten (aus der Dose)**
+ **250 g Sahne**
+ **Pfeffer aus der Mühle**
+ **Chilipulver**
+ **2 Kugeln Mozzarella (250 g)**
+ **4–5 Stiele Petersilie**
+ **30 g Pinienkerne**
+ **100 g geriebener Parmesan**

NUDELN MIT TOMATEN
UND RUCOLA

ZUBEREITUNG

01. Die Penne nach Packungsanweisung in reichlich kochendem Salzwasser bissfest garen.

02. Die Tomaten waschen und in Würfel schneiden. Die Schalotte schälen und fein hacken.

03. Das Olivenöl erhitzen und die Schalotte darin andünsten. Tomatenmark und Zucker dazugeben und verrühren. Mit Rotwein ablöschen und Tomaten sowie Oregano hinzufügen. Einköcheln lassen.

04. Die Nudeln in ein Sieb abgießen, dabei etwas Kochwasser auffangen. Die Nudeln mit dem Kochwasser zur Sauce geben. Untermischen und mit Salz und Pfeffer abschmecken.

05. Den Rucola verlesen, waschen und trocken schütteln. Grobe Stiele entfernen und die Blätter klein schneiden. Unter die Nudeln rühren. Die Nudeln in Schüsseln anrichten. Den Parmesan darüberhobeln.

TIPP — *Statt Rotwein können Sie die Tomaten auch mit Aceto balsamico ablöschen. Wenn Sie die Nudeln schärfer mögen, geben Sie noch 1 gehackte Peperoni in die Sauce.*

ZUTATEN
FÜR 2 PERSONEN

+ **200 g Penne • Salz**
+ **2 Tomaten**
+ **1 Schalotte**
+ **2 EL Olivenöl**
+ **1 EL Tomatenmark**
+ **1 TL Zucker**
+ **2 EL Rotwein**
+ **1 TL getrockneter Oregano**
+ **Pfeffer aus der Mühle**
+ **½ Bund Rucola**
+ **50 g Parmesan**

OLIVEN-TARTELETTS
MIT RUCOLA

ZUTATEN FÜR 4 PERSONEN

FÜR DEN TEIG:
+ 100 g kalte Butter • 200 g Mehl
+ Salz • 1 Ei
+ 1 EL gehackte Basilikumblätter

FÜR DEN BELAG:
+ 250 g schwarze Oliven (ohne Stein)
+ 60 g Mozzarella • 2 Eier
+ 100 g Sahne • 100 g Crème fraîche
+ Salz • Pfeffer aus der Mühle
+ frisch geriebene Muskatnuss
+ 1 TL Senf • 1 TL abgeriebene unbehandelte Zitronenschale
+ 2 EL gehackte Basilikumblätter
+ 1 Bund Rucola

ZUBEREITUNG

01. Für den Teig Butter, Mehl, 1 Prise Salz, Ei und Basilikum zu einem glatten Teig verkneten. Den Teig zu einer Kugel formen und in Frischhaltefolie gewickelt mindestens 1 Stunde kühl stellen.

02. Für den Belag die Oliven hacken. Den Mozzarella sehr klein schneiden. Sahne mit Crème fraîche, Mozzarella und Eiern verquirlen. Mit Salz, Pfeffer, Muskatnuss, Senf und Zitronenschale würzen und Oliven sowie Basilikum unterrühren.

03. Den Backofen auf 200 °C vorheizen. Den Teig auf einer bemehlten Arbeitsfläche etwa

3 bis 4 mm dünn ausrollen. Die Tartelettförmchen einfetten. 4 Teigkreise in der Größe der Förmchen (12 cm ø) ausschneiden und die Förmchen damit auskleiden. Die Eier-Sahne-Mischung darauf verteilen und im vorgeheizten Backofen auf der mittleren Schiene etwa 30 Minuten backen.

04. Die Tarteletts aus den Förmchen lösen. Den Rucola verlesen, waschen und trocken schütteln. Grobe Stiele entfernen. Die Tarteletts auf Tellern anrichten und mit Rucola garnieren.

PIZZA MIT TOMATEN
UND RUCOLA

ZUTATEN FÜR 4 PERSONEN

FÜR DEN TEIG:

+ ¼ Würfel Hefe (10 g)
+ 250 g Mehl • Salz • 2 EL Olivenöl

FÜR DIE SAUCE:

+ ½ Zwiebel • 1 Knoblauchzehe
+ 1 EL Olivenöl
+ 300 g geschälte Tomaten (aus der Dose)
+ getrockneter Oregano
+ Salz • Cayennepfeffer

AUSSERDEM:

+ 3 Kugeln Mozzarella • 2 Tomaten
+ Salz • Pfeffer aus der Mühle
+ 1 Bund Rucola • 3 EL Olivenöl

ZUBEREITUNG

01. Für den Teig die Hefe in 125 ml lauwarmem Wasser auflösen. Mit dem Mehl, 1 TL Salz und Olivenöl zu einem glatten Teig verkneten. Mit Frischhaltefolie zugedeckt an einem warmen Ort 30 Minuten gehen lassen.

02. Für die Sauce Zwiebel und Knoblauch schälen und in kleine Würfel schneiden. Das Olivenöl erhitzen und beides darin glasig andünsten. Die Tomaten mit Saft hinzufügen und 15 bis 20 Minuten köcheln lassen. Mit Oregano, Salz und Cayennepfeffer würzen.

03. Den Backofen auf 250 °C vorheizen. Den Teig auf einer bemehlten Arbeitsfläche zu einer oder zwei Platten ausrollen. Ein Backblech oder zwei Pizzaformen damit auskleiden. Die Tomatensauce darauf verteilen. Mozzarella abtropfen lassen, in Scheiben schneiden und darauf verteilen. Die Tomaten waschen und in Scheiben schneiden. Auf die Pizza legen und mit Salz und Pfeffer würzen.

04. Die Pizza im vorgeheizten Ofen auf der untersten Schiene 15 bis 20 Minuten backen. Den Rucola waschen und trocken schütteln. Darauf verteilen und das Olivenöl darüberträufeln.

SPARGELPFANNE
MIT KARTOFFELN UND DICKEN BOHNEN

ZUBEREITUNG

01. Die Kartoffeln mit der Schale waschen und in Salzwasser etwa 20 Minuten weich garen. Die Kartoffeln abgießen und abkühlen lassen.

02. Inzwischen den Spargel waschen und im unteren Drittel schälen, die holzigen Enden abschneiden und die Stangen quer halbieren.

03. Die Erbsen und die Bohnen abbrausen und abtropfen lassen. Den Spargel in kochendem Salzwasser etwa 6 Minuten blanchieren. Die Bohnen und die Erbsen dazugeben und alle Gemüse etwa 4 Minuten bissfest garen. Abgießen, abschrecken und abtropfen lassen.

04. Die Frühlingszwiebeln putzen, waschen und in feine Ringe schneiden. Den Knoblauch schälen und in feine Würfel schneiden. Das Olivenöl in einer Pfanne erhitzen und die Frühlingszwiebeln und den Knoblauch kurz darin andünsten. Spargel, Erbsen und Dicke Bohnen dazugeben und kurz mitdünsten. Die Kartoffeln in Scheiben schneiden, zum Gemüse geben und heiß werden lassen. Mit Meersalz und Zitronensaft abschmecken und servieren.

ZUTATEN
FÜR 4 PERSONEN

+ **500 g kleine neue Kartoffeln**
+ **Meersalz**
+ **500 g grüner Spargel**
+ **200 g Erbsen (frisch oder tiefgekühlt)**
+ **200 g Dicke Bohnen (frisch oder tiefgekühlt)**
+ **4 Frühlingszwiebeln**
+ **1 Knoblauchzehe**
+ **2–3 EL Olivenöl**
+ **1 Spritzer Zitronensaft**

─────

TIPP — *Wenn Sie das Gericht mit frischen Erbsen und frischen Dicken Bohnen zubereiten, benötigen Sie jeweils 450 bis 500 g der Hülsenfrüchte in der Schote.*

SPARGEL-BROKKOLI-CURRY
MIT ERDNÜSSEN

ZUTATEN FÜR 4 PERSONEN

+ **50 g ungesalzene Erdnüsse**
+ **350 g grüner Spargel**
+ **1 Brokkoli (ca. 450 g)**
+ **1 Zwiebel**
+ **2 Knoblauchzehen**
+ **15 g Ingwer**
+ **2 EL Erdnussöl**
+ **½ TL gemahlener Kreuzkümmel**
+ **1 Msp. gemahlener Koriander**
+ **1 Msp. Chilipulver**
+ **2 EL gelbe Currypaste**
+ **200 ml Gemüsebrühe**
+ **550 ml Kokosmilch**
+ **frisches Koriandergrün zum Garnieren**

ZUBEREITUNG

01. Die Erdnüsse in einer Pfanne ohne Fett anrösten. Vom Herd nehmen, abkühlen lassen und grob hacken.

02. Den Spargel waschen und im unteren Drittel schälen, die holzigen Enden abschneiden und die Stangen in etwa 6 cm lange Stücke schneiden. Den Brokkoli waschen und in Röschen teilen. Die Zwiebel, den Knoblauch und den Ingwer schälen und in feine Würfel schneiden.

03. Das Öl im Wok oder in einer großen Pfanne erhitzen. Die Zwiebel-, Knoblauch- und Ingwerwürfel darin glasig andünsten. Die Gewürze darüberstreuen und kurz mitbraten. Die Currypaste einrühren und alles mit der Brühe und der Kokosmilch ablöschen.

04. Die Gemüse dazugeben und 4 bis 5 Minuten bissfest garen. Das Curry nochmals abschmecken, in Schälchen verteilen und mit den Erdnüssen bestreuen. Mit Koriander garniert servieren.

GLASIERTER TOFU
MIT REISNUDELN UND SPARGEL

ZUTATEN FÜR 4 PERSONEN

+ **500 g Tofu**
+ **5–6 EL Sojasauce**
+ **500 g grüner Spargel**
+ **Salz**
+ **150 g Shiitake-Pilze**
+ **300 g Reisnudeln**
+ **4 Frühlingszwiebeln**
+ **1 Knoblauchzehe**
+ **10 g Ingwer**
+ **2 EL Sesamöl**
+ **2 EL Misopaste**
+ **Pfeffer aus der Mühle**

ZUBEREITUNG

01. Den Tofu in Streifen schneiden, mit 3 bis 4 EL Sojasauce beträufeln und zugedeckt im Kühlschrank etwa 20 Minuten marinieren.

02. Spargel waschen und im unteren Drittel schälen, holzige Enden abschneiden. Die Stangen in Salzwasser 10 Minuten blanchieren, kalt abschrecken und in 4 cm lange Stücke schneiden.

03. Die Pilze putzen und in Scheiben schneiden. Die Nudeln nach Packungsangabe garen. Die Frühlingszwiebeln putzen, waschen und in Ringe schneiden. Knoblauch und Ingwer schälen und in feine Würfel schneiden.

04. Den Spargel und die Pilze im Wok im Öl 2 bis 3 Minuten unter Rühren anbraten. An den Rand schieben, Knoblauch, Ingwer und Tofu dazugeben und 2 bis 3 Minuten goldbraun braten.

05. Die Misopaste mit 3 bis 4 EL Wasser anrühren und dazugeben. Die Frühlingszwiebeln darüberstreuen und 1 bis 2 Minuten garen, bis der Tofu mit Miso glasiert ist. Das Gemüse unterrühren, 2 bis 3 Minuten fertig garen und mit Sojasauce, Salz und Pfeffer abschmecken. Nudeln abtropfen lassen, mit Tofu und Gemüse anrichten.

REZEPTREGISTER

IMPRESSUM

© **2016 ZS VERLAG GmbH**
Türkenstraße 9
D-80333 München
1. Auflage 2016
ISBN 978-3-89883-558-9

Projektleitung: Katharina Wolf, Natalia Fischer
Lektorat: ZS-Team
Grafik Design & Artdirection: Seidldesign
Grafik & Satz: Irene Schulz, Kerstin Duben
Herstellung: Peter Karg-Cordes
Producing: Jan Russok
Druck & Bindung: Neografia, Martin

Die ZS Verlag GmbH ist ein Unternehmen der Edel AG, Hamburg.
www.zs-verlag.com
www.facebook.com/zs-verlag

BILDNACHWEIS

Umschlag: Eising Studio | Food Photo &Video: vorne, hinten (M.);
STOCKFOOD: I. Garlick: hinten (l.); A. van Berge: hinten (u.)
Innenklappe vorne: STOCKFOOD: Teubner Foodfoto (01); H. Bischof (02);
E. Watt (03); M. Brauner (04); M. Finley (05); K. Stemmler (06);
P. Rees (07)
Innenklappe hinten: J. Kirchherr
Außenklappe: J. Kirchherr: (oben) ; STOCKFOOD: Foodphotography
Eising: (unten)
Innenteil: J. Kirchherr: 2 (o.), 51; STOCKFOOD:C. Alack: 31; K. Arras: 40;
Bauer Syndication: 16; U. Bender: 48, 103, 105, 107, 115; A. van Berge:
67; H. Bischof: 19, 75, 86; M. Boyny: 7, 30, 66, 69; M. Brauner: 113; R.
Castilho: 13, 97; J. Cazals: 27, 63, 114; B. Danton Photogr.: 20; Eising: 73,
101; P. Eising: 102; S. Eising: 9, 29, 37, 61, 91; G. Elms: 89; Foodcollection:
79, 86; Eising Studio|Food Photo & Video: 2 (r.), 11, 17, 39, 41, 43, 45, 52,
55, 57, 71, 77, 79, 83, 85, 93, 95, 105, 109, 111, 121, 124; I. Garlick: 119, 120;
Great Stock!: 2 (u.), 117; U. Holsten: 23; J. Kirchherr: 49, 53; U. Kohl: 62;
L. Lister: 65, 72; D. Loftus: 123; Mewes/Neuberger: 2 (li.), 25; U. Schmid:
81; Teubner Foodfoto: 47; M. Urban: 15, 36; S. Weaver: 125; J.-P. Wester-
mann: 35; F. Wieder: 21; B. Winkelmann: 37